L'ILLVSION COMIQVE

COMEDIE.

PAR LE S. CORNEILLE.

Sur l'Imprimé,

A PARIS,

Chez FRANÇOIS TARGA, au premier pillier de la grand' Salle du Palais, deuant la Chapelle, au Soleil d'or.

M. DC. XLVI.

A MADAMOISELLE M. F. D. R.

MADAMOISELLE,

Voicy un estrange monstre que ie vous dédie, Le premier Acte n'est qu'un Prologue, les trois suiuants font une Cōedie imparfaicte, le dernier est une Tragedie, & tout cela cousu ensemble faict une Comedie. Qu'on en nōme l'inuention bijarre & extrauagante tāt qu'on voudra, elle est nouuelle, & souuent la grace de la nouueauté parmy nos Frāçois n'est pas un petit degré de bonté. Son succez ne m'a point fait de honte sur le Theatre, & i'ose dire que la representation de cette piece capricieuse ne vous a point desplu, puisque vous m'aués cõmande de vous en adresser l'Epistre quand elle iroit soubs la presse. Je suis au desespoir de vous la presenter En si mauuais estat, qu'elle en est mescognoissable la quãtite de fautes que l'Imprimeur a adioustées aux miennes la desguise, au pour mieux dire, la change entierement C'est l'effet de mon absence de Paris, doù mais affaires m'ont r'appellé sur le point qu'il l'imprimoit, & m'ont obligé d'en abandõner les espreuues à sa discretion. Ie vous coniure de ne la lire point que vous n'ayez pris la peine de corriger ce que vous trouuerez marqué en suite de cette Espistre. Ce n'est pas que i'y aye employe toutes les fautes qui s'y sont coulées, le nombre en est si grand qu'il eust espouuenté le Lecteur i'ay seulement choisy celles qui peuuent apporter quelque corruption notable au sens, & qu'on ne peut pas deuiner aysement Pour les autres qui ne sont que contre la Rime ou l'Orthographe ou la punctuation i'ay creu que le Lecteur iudicieux y suppleroit sans beaucoup de difficulte & qu'ainsi il n'estoit pas besoin d'en charger cette premiere fueille. Cela m'apprendra à ne hazarder plus de piece à l'Impreßion durant mon absence. Ayez assea de bonté pour ne desdaigner pas celle cy, toute deschirée qu'elle est, & vous m'obligerez d'autant plus à demeurer toute ma vie,

MADAMOILELLE

Le plus fidelle & plus passionné de vos seruiteurs, CORNEILLE

ACTEVRS

ALCANDRE, Magicien.
PRIDAMANT. pere de Clindor.
DORANTE, amy de Priadmant.
MATAMORE, Capitan Gascon & amoureux d'Isabelle.
CLINDOR, ſuiuant du Capitan & amant d'Iſabelle
ADRASTE, Gentilhomme amoureux d'Iſabelle.
GERONTE, pere d'Iſabelle.
ISABELLE, fille de Geronte.
LISE, ſeruante d'Iſabelle
GEOLIER, de Bordeaux.
PAGE du Capitan.
ROSINE, Princeſſe d'Angleterre femme de Florilame.
ERASTE. Eecuyer de Florilame
TROVPE, de Domeſtiques d'Adraſte.
TROVPE, de Domeſtiques de Florilame.

L'ILLVSION COMIQVE COMEDIE.

ACTE PREMIER.

SCENE PREMIERE

PRIDAMANT, DORANTE,

DORANTE,

Ce grand Mage dõt l'art cõmande à la nature
N'a choisi pour palais que cette grotte obscure
La nuit qu'il entretient sur cet affreux seiour
N'ouurant son voile espais qu'aux raions d'vn faux iour,
De leur esclat douteux n'admet en ces lieux sõbres
Que ceiqu'en peut souffrir le commerce des ombres.
N'auancés pas, son art au pied de ce Rocher
Amis dequoy punir qui s'en ose approcher,
Et cette large bouche est vn mur inuisible,
Où l'air en sa faueur deuient inaccessible,
Et luy faict vn rampar dont les funestes bords
Sur vn peu de poussiere estalent mille morts.
Ialoux de son repos plus que de sa deffense

Il perd qui l'importune ainsi que qui l'offence;
Si bien que ceux qu'amene vn curieux desir
Pour consulter, Alcandre attendent son loisir;
Chaque iour il se monstre, & nous touchōs à l'heure
Que pour se divertir il sort de sa demeure.

PRIDAMANT.

I'en atends peu de chose & brusle de le voir;
I'ay de l'impatence & ie manque d'espoir,
Ce fils, ce cher obiet de mes inquietudes,
Qu'ont esloigné de moy des traittemēts trop rudes;
Et que depuis dix ans ie cherche en tant de lieux
A caché pour iamais sa presence à mes yeux
Sous ombre qu'il prenoit vn peu trop delicence
Contre ses libértés ie roidis ma puissance,
Ie croyois le reduire à force de punir,
Et ma seuerité ne fist que le bannir;
Mon ame vit lerreur dont ell estoit seduite,
Ie l'outragois present & ie pleuray sa fuite?
Et l'amour paternel me fist bien tost sentir
D'vne iniuste rigueur vn iuste repentir
Il l'a fallu chercher, i'ay veu dans mon voyage
Le Po, le Rin, la Meuse, & la Seine, & le Tage;
Tousiours le mesme soin trauaille mes esprits,
Et ces longues erreurs ne m'en ont rien appris;
En fin au desespoir de perdre tant de peine,
Et n'attendant plus rien de la prudence humaine;
Pour trouuer quelque fin à tant de maux soufferts;
I'ay desia sur ce point, consulté les enfers

I'ay

I'ay veu les plus fameux en ces noires sciences,
Dont vous dites qu'Alcandre a tant d'experience,
On en faisoit l'estat que vous faites de luy,
Et pas vn d'eux n'a peu soulager mon ennuy.
L'enfer deuient muet quand il me faut respondre
On ne me respond rien qu'à fin de me confondre.

DORANTE.

Ne traités pas Alcandre en homme du commun;
Ce qu'il sçait en son art n'est connu de pas vn.
Ie ne vous diray point qu'il cõmande au tonnerre,
Qu'il fait ẽfler les mers, qu'il fait trẽbler la terre,
Que de l'air qu'il mutine en mille tourbillons
Contre ses ennemis il fait des bataillons,
Que de ses mots sçauants les forces inconnues,
Transportent les rochers, font descendre les nues;
Et briller dans la nuit l'esclat de deux Soleils,
Vous n'auez pas besoin de miracles pareils,
Il suffira pour vous, qu'il lit dans les pensées
Et cognoist l'aduenir & les choses passées
Rien n'est secret pour luy dans tout cet Vniuers;
Et pour luy nos destins sont des liures ouuerts,
Moy mesme ainsi que vous ie ne pouuois le croire,
Mais si tost qu'il me vit il me dit mon histoire,
Et ie fus estonné d'entendre les discours
Des traits les plus cachez de mes ieunes amours.

PRIDAMANT.

Vous m'en dites beaucoup.

DORANTE.

I'en ay veu dauantage.

PRIDAMANT.

Vous essayez en vain de me donner courage,
Mes soins & mes trauaux verrõt sans aucun fruict
Clorre mes tristes iours d'vne eternelle nuict.

DORANTE.

Depuis que i'ay quitté le seiour de Bretaigne
Pour venir faire icy le Noble de campagne,
Et que deux ans d'amour par vne heureuse fin
M'ont acquis Siluerie & ce Chasteau Voisin,
De pas vn, que ie sçache, il n'a deceu l'attente;
Quiconque le consulte en sort l'ame contente,
Croyez moy son secours n'est pas à negliger:
D'ailleurs il est rauy quand il peut m'obliger,
Et i'ose me vanter qu'vn peu de mes prieres
Vous obtiendrez de luy des faueurs singulieres.

PRIDAMANT.

Le sort m'est trop cruel pour deuenir si doux.

DORANTE.

Esperés mieux, il sort, & s'auance vers nous
Regardez le marcher, ce visage si graue
Dont le rare sçauoir tient la nature esclaue
N'a sauué toutesfois des rauages du temps
Qu'vn peu d'os & de nerfs qu'ont descharné cent ans,
Son corps malgré son âge a les forces robustes,
Le mouuement facile & les demarches iustes,

Des ressorts inconnus agitent le vieillard,
Et font de tous ses pas des miracles de l'art.

SCENE II.

ALCANDRE, PRIDAMANT, DORAN.

DORANTE.

Grand Demon du sçauoir de qui les doctes veilles
Produisent chaque iour de nouuelles merueilles,
A qui rien n'est secret dans nos intentions
Et qui vois sans nous voir toutes nos actions,
Sy de ton art diuin le pouuoir admirable
Iamais en ma faueur se rendit secourable,
De ce pere affligé soulage les douleurs,
Vne vieille amitié prend part en ses malheurs,
Rennes ainsi qu'a moy luy donne la naissance
Et presque entre ses bras i'ay passé mon enfance
Là de son fils & moy nasquit l'affection,
Nous estions pareils d'âge & de condition.

ALCANDRE,

Dorante c'est assez, ie sçay ce qui l'amene
Ce fils est auioud'huy le suiet de sa peine.
Vieillard n'est il pas vray que son esloignement,
Par vn iuste remors te gesne incessamment,
Qu'vne obstination à te monstrer seuere

La banny de ta veue, & cause ta misere,
Qu'en vain au repentir de ta severité
Tu cherches en tous lieux ce fils si mal traité?

PRIDAMANT.

Oracle de nos iours qui connois toutes choses
En vain de ma douleur ie cacherois les causes;
Tu sçais trop qu'elle fut mon iniuste rigueur,
Et vois trop clairement les secrets de mon cœur;
Il est vray, i'ay failly mais pour mes iniustices
Tãt de trauaux en vain sõt d'assez grãns supplices;
Donne en fin quelque borne à mes regrets cuisants,
Rends moy l'vnique appuy de mes debilles ans,
Ie le tiendray rendu si i'en sçay des nouuelles,
L'amour pour le trouuer me fournira des aisles,
Où fait-il sa retraicte? en quels lieux doisie aller?
Fust-il au bout du monde on m'y verra voler.

ALCANDRE.

Cõmencés d'esperer: vous sçaurez par mes charmes
Ce que le Ciel vengeur refusoit à vos larmes
Vous reuerrez ce fils plein de vie & d'honneur,
De son bannissement il tire son bon-heur.
C'est peu de vous le dire, en faueur de Dorante
Ie veux vous faire voir sa fortune esclatante.
Les nouices de l'art auecques leurs encens
Et leurs mots incognus qu'ils feignent tous puis-
sants
Leurs herbes, leurs parfums, & leurs ceremonies
Apportent au mestier des longueurs infinies,

Qui ne sont apres tout qu'vn mistere pipeur
Pour se faire valoir & pour vous faire peur,
Ma baguette à la main i'en feray dauantage:
Iugez de vostre fils par vn tel esquipage.

Il donne vn coup de baguette & on tire vn rideau, derriere lequel sont enparade les plus beaux habits des Comediens.

Et bien celuy d'vn Prince a t'il plus de splendeur?
Et pouuez vous encor douter de sa grandeur?

PRIDAMANT.

D'vne amour paternel vous flatez les tendresses,
Mon fils n'est point de rang à porter ces richesses,
Et sa condition ne sçauroit endurer
Qu'auecque tant de pompe il ose se parer,

ALCANDRE

Sous vn meilleur destin sa fortune rangée
Et sa condition auec le temps changée,
Personne maintenant n'a dequoy murmurer
Qu'en public de la sorte il ose se parer.

PRIDAMANT.

A cet espoir si doux i'abandonne mon ame;
Mais parmy ces habits ie vois ceux d'vne femme
Seroit il marié?

ALCANDRE.

Ie vay de ses amours
Et de tous ses hazards vous faire le discours:
Toutefois si vostre ame estoit assez hardie
Sous vne illusion vous pourriez voir sa vie,

Et tous ses accidens deuant vous exprimez
Par des spectres pareils à des corps animez;
Il ne leur manquera ny geste, ny parole.

PRIDAMANT.

Ne me soupçonnés point d'vne crainte friuole,
Le portrait de celuy que ie cherche en tous lieux
Pourroit-il par sa veue espouuenter mes yeux?

ALCANDRE à Dorante.

Mon Cavalier de grace il faut faire retraicte
Et souffrir qu'entre nous l'histoire en soit secrette.

PRIDAMANT.

Pour vn si bon amy ie n'ay point de secret.

DORANTE,

Il vous faut sans replique accepter cet arrest
Ie vous attends chez moy.

ALCANDRE.

Ce soir si bon luy semble
Il vous apprendra tout quãd vous serez ensemble

SCENE III.

ALCANDRE, PRIDAMANT.

ALCANDRE.

Vostre fils tout d'vn coup ne fut pas grand seigneur.
Toutes ses actions ne vous font pas honneur
Et ie serois marry d'exposer sa misere

En spectacle à des yeux autres que ceux d'vn pere,
Il vous prist quelque argent, mais ce petit butin
A peine luy dura du soir iusqu'au matin,
Et pour gaigner Paris il vendit par la pleine
Des breuets à chasser la fievre & la migraine
Dit la bonne aduenture, & s'y rendit ainsi,
Là comme on vit d'esprit il en vescut aussi?
Dedans sainct Innocent il se fit Secretaire,
Apres montant d'estat, il fut Clerc d'vn Notaire
Ennuyé de la plume, il l'a quita soudain,
Et dans l'Academie il ioua de la main,
Il se mist sur la rime, & l'essay de sa veine
Enrichit les chanteurs de la Samaritaine:
Son stile print apres de plus beaux ornemens,
Il se hazarda mesme à faire des Romans,
Des chansons pour Gautier, des pointes pour
Guillaume,
Depuis il traficqua des chapelets de bausme,
Vendit du Mitridat en maistre Operateur,
Reuient dans le Palais & fut Solliciteur,
En fin iamais Buscon, Lazarille de Tormes
Sayauedre & Gusman ne prient tant de formes,
C'estoit là pour Dorante vn honneste entretien!

PRIDAMANT.

Que ie vous suis tenu de ce qu'il n'en sçait rien!

ALCANDRE.

Sans vous faire rien voir, ie vous en fais vn conte
Dont le peu de longueur espargne vostre honte.

Las de tant de mestiers sans honneur & sans fruit
Quelque meilleur destin à Bordeaux l'a conduit,
Et la comme il pensoit au choix d'vn exercice,
Vn braue du pays la pris à son seruice :
Ce guerrier amoureux en a faict son Agent
Cette commission l'a remeublé d'argent,
Il sçait auec adresse en portant les paroles
De la vaillante dupe attraper les pistolles,
Mesmes de son Agent il s'est fait son riual,
Et la beauté qu'il sert ne luy veut point de mal.
Lors que de ces amours vous aurez veu l'histoire
Ie vous le veux mõstrer plein d'esclat & de gloire.
Et la mesme action qu'il pratique auiourd'huy.

PRIDAMANT.

Que des-ja cet espoir soulage mon ennuy!

ALCANDRE.

Il a caché son nom en battant la campagne
Et s'est fait de Clindor le sieur de la Montagne,
C'est ainsi que tantost vous l'entendrez nommer
Voyez tout sans rien dire, & sans vous alarmer,
Ie tarde vn peu beaucoup pour vostre impatience
N'en conceuez pourtant aucune deffiance.
C'est qu'vn charme ordinaire a trop peu de pouuoir
Sur les spectres parlans qu'il faut vous faire voir,
Entrons dedans ma grotte afin que i'y prepare,
Quelques charmes nouueaux pour vn effect si rare,

ACTE

ACTE II.

SCENE PREMIERE.

ALCANDRE, PRIDAMANT.

ALCANDRE.

Quoy qui s'offre à vos yeux n'en ayez point d'effroy
De ma grotte sur tout ne sortes qu'apres moy,
Sinon, vous estes mort, voyez des-ja paroistre
Sous deux fantosmes vains vostre fils & son Maistre.

PRIDAMAMT.

O Dieux! ie sens mon ame apres luy s'enuoler.

ALCANDRE,

Faites luy du silence & l'escoutez parler.

SCENE II.

MATAMORE, CLINDOR.

CLINDOR.

Quoy! Monsieur, vous resuez! & cette ame hautaine
Apres tant de beaux faits semble estre encor en peine;

N'estes vous point lassé d'abatre des guerriers ?
Soupirez vous apres quelques nouueaux lauriers ;

MATAMORE.

Il est vray que ie resue & ne sçaurois resoudre
Lequel ie dois des deux le premier mettre en poudre
Du grand Sophy de Perse, ou bien du grād Mogor.

CLINDOR.

Et de grace, Monsieur laissez les viure encor.
Qu'adiousteroit leur perte à vostre renommée!
Et puis quād auriez vous r'assemblé vostre armēe;

MATAMORE.

Mon armée: hā poltron: ha traistre pour leur mort
Tu crois donc que ce bras ne soit pas assez fort;
Le seul bruit de mon nom renuerse les murailles,
Deffait les escadrons, & gaigne les batailles,
Mon courage inuaincu contre les Empereurs
N'arme que la moitié de ses moindres fureurs,
D'vn seul commandement que ie faits aux trois Parques
Ie depeuple l'Estat des plus heureux Monarques,
Le foudre est mon canon, les destins mes soldats,
Ie couche d'vn reuers mille ennemis à bas,
D'vn soufle ie reduits leurs projets en fumée.
Et tu m'ozes parler cependant d'vne armée!
Tu n'auras plus l'honneur de voir vn second Mars,
Ie vay t'assassiner d'vn seul de mes regards,
Veillaque, Toutefois ie songe à ma maistresse,
Le penser m'adoucit; Va, ma colere cesse,

Et ce petit archer qui dompte tous les Dieux,
Vient de chasser la mort qui logeoit dãs mes yeux
Regarde, i'ay quitté cette effroyable mine
Qui massacre, destruit, brise, brusle, extermine,
Et pensant au bel œil qui tient ma liberté
Ie ne suis plus qu'amour, que grace, que beauté

CLINDOR.

O Dieux! en vn moment que tout vous est poßible!
Ie vous vois außi beau que vous estes terrible,
Et ne croy point d'obiet si ferme en sa rigueur
Qui puisse constammẽt vous refuser son cœur.

MATAMORE.

Ie te le dis encor ne sois plus en alarme,
Quand ie veux i'espouuente, & quand ie veux ie charme,
Et selon qu'il me plaist ie remplis tout à tour,
Les hommes de terreur & les femmes d'amour,
Du temps que ma beauté m'estoit inseparable
Leurs persecutions me rendoient miserable,
Ie ne pouuois sortir sans les faire pasmer,
Mille mouroient par iour à force de m'aymer,
I'auois des rendé-vous de toutes les Princesses
Les Reynes à l'enuy mandioient mes caresses,
Celle d'Ethiopie, & celle du Iapon
Dans leurs soupirs d'amour ne mesloient que mon nom,
De paßion pour moy deux Sultanes troublerent,
Deux autres pour me voir du Serail s'eschapperẽt,
I'en fus mal quelque temp auec le grãd Seigneur;

CLINDOR.

Son mescontentement n'alloit qu'à vostre bonneur.

MATAMORE.

Ces pratiques nuisoient à mes desseins de guerre
Et pouuoient m'empescher de conquerir la terre:
D'ailleurs i'en deuins las & pour les arrester
I'enuoyé le destin dire à son Iupiter
Qu'il trouuast vn moyen qui fist cesser les flames
Et l'importunité dont m'accabloient les Dames,
Autrement ma colere iroit dedans les Cieux
Le degrader soudain de l'empire des Dieux,
Et donneroit à Mars à gouuerner son foudre;
La frayeur qu'il en eust le fist bien tost resoudre,
Ce que ie demandois fut prest en vn moment,
Et depuis ie suis beau quand ie veux seulement.

CLINDOR.

Que i'aurois sans cela de poulets à vous rendre.

MATAMORE

De quelle que ce soit garde toy bien d'en prendre
Sinon de.... Tu m'entends que dit elle de moy;

CLINDOR.

Que vous estes des cœurs, & le charme & l'effroy,
Et que si quelque effet peut suiure vos promesses.
Son sort est plus heureux que celuy des Deesses.

MATAMORE.

Escoute en ce temps là dont tantost tu parlois,
Les Deesses aussi se rangeoient sous mes loix,
Et ie te veux conter vne estrange auanture

Qui ietta du desordre en toute la nature,
Mais desordre aussi grand qu'on en voye arriuer.
Le Soleil fut vn iour sans se pouuoir leuer,
Et ce visible Dieu que tant de monde adore
Pour marcher deuant luy ne trouuoit point d'Aurore;
On la cherchoit par tout, au lit du vieux Tithon,
Dans les bois de Cephale, au Palais de Memnon,
Et faute de trouuer cette belle fourriere,
Le iour iusqu'à midy se passoit sans lumiere.

CLINDOR.

Où se pouuoit cacher la Reyne des Clartez?

MATAMORE.

Parbieu ie la tenois encor à mes costez,
Aucun n'osa iamais la chercher dans ma chambre,
Et le dernier de Iuin fut vn iour de Decembre,
Car enfin supplié par le Dieu du Sommeil
Ie la rendis au monde, & l'on vit le Soleil.

CLINDOR.

Cet estrange accident me reuient en memoire,
I'estois lors en Mexique où i'en appris l'histoire
Et i'entendis conter que la Perse en courroux
De l'affront de son Dieu murmuroit contre vous.

MATAMORE.

I'en ouys quelque chose & ie l'eusse punie,
Mais i'estois engagé dans la Transsiluanie,
Où ses Ambassadeurs qui vindrent l'excuser
A force de presents me sceurent appaiser.

CLINDOR.

Que la clemence est belle en vn si grand courage!

MATAMORE.

Contemple, mon amy, contemple ce visage;
Tu vois vn abregé de toutes les vertus
D'vn monde d'ennemis sous mes pieds abbatus,
Dont la race est perie, & la terre deserte,
Pas vn qu'à son orgueil n'a iamais deu sa perte;
Tous ceux qui font hommage à mes perfections
Conseruent leurs Estats par leurs submissions
En Europe où les Roys sont d'vne humeur ciuille
Ie ne leur raze point de chasteau ny de ville
Ie les laisse regner : mais chez les Africains
Par tout où i'ay trouué des Rois vn peu trop vains,
I'ay destruit les pays auecque les Monarques,
Et leurs vastes deserts en sont de bonnes marques,
Ces grands sables qu'à peine on passe sans horreur
Sont d'assez beaux effects de ma iuste fureur.

CLINDOR.

Reuenons à l'amour, voicy vostre maistresse.

MATAMORE.

Ce diable de riual l'accompagne sans cesse.

CLINDOR.

Où vous retirez vous?

MATAMORE. *Ce fat n'est pas vaillant*
Mais il a quelque humeur qui le rend insolent,
Peut-estre qu'orgulleux d'estre auec cette belle
Il seroit assez vain pour me faire querelle.

CLINDOR.

Ce seroit bien courir luy mesme à son malheur.

MATAMORE.

Lors que i'ay ma beauté ie n'ay point ma valeur;

CLINDOR.

Cessez d'estre charmant & faites vous terrible.

MATAMORE.

Mais tu n'en prenois pas l'accident infaillible.
Ie ne sçaurois me faire effroyable à demy,
Ie turois ma maistresse auec mon ennemy.
Attendons en ce coin l'heure qui les separe.

CLINDOR.

Comme vostre valeur vostre prudence est rare.

SCENE III.

ADRASTE, ISABELLE.

ADRASTE.

HElas! s'il est ainsi quel malheur est le mien,
Ie soupire, i'endure, & ie n'auance rien,
Et malgré les transports de mon amour extrême,
Vous ne voulez pas croire encor que ie vous ayme.

ISABELLE.

Ie ne sçay pas, Monsieur, dequoy vous me blasmez,
Ie me cognois aymable, & croy que vous m'aymez,
Dãs vos soupirs ardants i'en voy trop d'apparence;
Et quãd biẽ de leur part i'aurois moins d'asseurãce,

Pour peu qu'vn hõneste hõme ayt vers moy de credit
Ie luy fais la faueur de croire ce qu'il dit.
Rendez moy la pareille, & puisqu'à vostre flame
Ie ne deguise rien de ce que i'ay dans l'ame,
Faites moy la faueur de croire sur ce point,
Que bien que vous m'aymez ie ne vous ayme point.

ADRASTE.

Cruelle, est-ce là donc ce que vos iniustices
Ont reserué le prix à de si longs seruices?
Et mon fidelle amour est il si criminel
Qu'il doiue estre puny d'vn mespris eternel?

ISABELLE.

Nous dõnons bien souuent de diuers noms aux cho-(ses,
Des espines pour moy vous les nommez des roses,
Ce que vous appellez seruice, affection,
Ie l'appelle supplice & persecution.
Chacun dans sa croyance également s'obstine
Vous pensez m'obliger d'vn feu qui m'assaßine,
Et la mesme action à vostre sentiment
Merite recompence, au mien vn chastiment.

ADRASTE.

Donner vn chastiment, à des flames si sainctes,
Dont i'ay receu du ciel les premieres atteintes!
Ouy, le Ciel au moment qu'il me fist respirer
Ne me donna du cœur que pour vous adorer,
Mon ame prist naissance auecque vostre idée,
Auant que de vous voir vous l'auez possedée,
Et les premiers regards dont m'ayent frappé vos yeux

N'ont

N'ont fait qu'executer l'ordonnance des Cieux
Que vous saisir d'vn bien qu'ils auoient fait tout vostre.

ISABELLE.

Le Ciel m'eust fait plaisir d'en enrichir vn autre,
Il vous fit pour m'aymer, & moy pour vous haïr,
Gardons nous bien tous deux de luy desobeïr.
Apres tout vous auez bonne part à sa haine
Ou de quelque grand crime il vous donne la peine,
Car ie ne pense pas qu'il soit supplice égal
D'estre forcé d'aimer qui vous traitte si mal.

ADRASTE.

Puisqu'ainsi vous iugez que ma peine est si dure,
Prenez quelque pitié des tourments que i'endure.

ISABELLE.

Certes i'en ay beaucoup, & vous plains d'autãt plus
Que ie vois ces tourments passer pour superflus,
Et n'auoir pour tout fruict d'vne longue souffrance,
Que l'incommode honneur d'vne triste constance.

ADRASTE.

Vn pere l'authorise & mon feu mal traicté
Enfin aura recours à son authorité.

ISABELLE.

Ce n'est pas le moien de trouuer vostre conte.
Et d'vn si beau dessein vous n'aurez que la honte.

ADRASTE.

I'espere voir pourtant auant la fin du iour
Ce que peut son vouloir au defaut de l'amour.

ISABELLE.

Et moy i'espere, voir auant que le iour passe,
Vn amant accablé de nouuelle disgrace.

ADRASTE.

Et quoy cette rigueur ne cessera iamais.

ISABELLE.

Allez trouuer mon pere, & me laissez en paix.

ADRASTE.

Vostre ame au repentir de sa froideur passée,
Ne la veut point quitter sans estre vn peu forcée,
I'y vay tout de ce pas mais auec des serments
Que c'est pour obeir à vos commandements.

ISABELLE.

Allez continuer vne vaine poursuite.

SCENE IV.

MATAMORE, ISABELLE, CLINDOR.

MATAMORE.

E*T bien? des qu'il m'a veu comme a-t'il pris la fuite?*
M'a t'il bien sceu quitter la place au mesme instant?

ISABELLE.

Ce n'est pas honte à luy, les Rois en font autant,
Au moins si ce grand bruit qui court de vos merueilles
N'a trompé mon esprit en frapant mes oreilles.

MATAMORE.

Vous le pouuez bien croire, & pour le tesmoigner,
Choisissez en quels lieux il vous plaist de regner,
Ce bras tout aussi tost vous conqueste vn Empire,
I'en iure par luy mesme, & cela, c'est tout dire.

ISABELLE.

Ne prodiguez pas tant ce bras tousiours vainqueur
Ie ne veux point regner que dessus vostre cœur,
Toute l'ambition que me donne ma flâme
C'est d'auoir pour suiet les desirs de vostre ame.

MATAMORE.

Ils vous sont tous acquis & pour vous faire voir
Que vous auez sur eux vn absolu pouuoir,
Ie n'escouteray plus cette humeur de conqueste,
Et laissant tous les Rois leurs Couronnes en teste
I'en prendray seulement deux ou trois pour valets
Qui viendront à genoux vous rendre mes poulets.

ISABELLE, monstrant Clindor.

L'esclat de tels suiuants attireroit l'enuie
Sur le rare bon-heur où ie coule ma vie.
Le commerce discret de nos affections
N'a besoin que de luy pour ces commissions.

MTAMORE.

Vous auez Dieu me sauue, vn esprit à ma mode,
Vous trouuez comme moy la grandeur incommode,
Les sceptres les plus beaux n'ont rien pour moy d'exquis,
Ie les rends aussi tost que ie les ay conquis,

Et me suis veu charmer quantité de Princesses
Sans que iamais mon cœur acceptast ces maistresses.

ISABELLE.

Certes en ce point seul ie manque vn peu de foy,
Que vous ayez quitté des Princesses pour moy!
Qu'elles n'ayent peu blesser vn cœur donc ie dispose?

MATAMORE.

Ie croy que la Montagne en sçaura quelque chose.
Vien-ca, lors qu'en la Chine en ce fameux tournoy,
Ie donnay dans la veuë aux deux filles du Roy,
Sçais-tu rien de leurs flâmes & de la ialousie
Dont pour moy toutes deux auoient l'ame saisie?

GLINDOR.

Par vos mespris enfin l'vne & l'autre mourut,
I'estois lors en Egypte où le bruit en courut,
Et ce fut en ce temps que la peur de vos armes
Fit nager le grand Caire en vn fleuue de larmes:
Vous veniez d'assommer dix Geans en vn iour,
Vous auiez desolé les pays d'alentour,
Razé quinze chasteaux, aplany deux montagnes,
Fait passer par le feu, villes, bourgs, & campagnes,
Et deffait vers Damas cent mille combatans.

MATAMORE.

Que tu remarques bien & les lieux & le temps!
Ie l'auois oublié.

ISABEELE.

Des faits si plains de gloire
Vous peuuent-ils ainsi sortir de la memoire?

MATAMORE.

Trop pleine de lauiers remportez sur les Rois
Ie ne la charge point de ces menus exploits.

PAGE.

Monsieur.

MATAMORE.

Que veux tu Page.

PAGE.

Vn Courrier vous demande.

MATAMORE.

D'ou vient-il?

PAGE.

De la part de la Reine d'Islande.

MATAMORE.

Ciel qui sçais comme quoy i'en suis persecuté
Vn peu plus de repos auec moins de beauté,
Fay qu'vn si long mespris enfin la desabuse.

CLINDOR à Isabelle.

Voyez ce que pour vous ce grand guerrier refuse.

ISABELLE.

Ie n'en puis plus douter.

CLINDOR.

Il vous le disoit bien.

MATAMORE.

Elle m'a beau prier, non, ie n'en feray rien
Et quoy qu'vn fol espoir ose encor luy promettre,
Ie luy vais enuoyer sa mort dans vne lettre.
Trouuez le bon, ma Reine, & souffrez cependant

Vne heure d'entretien de ce cher confident,
Qui comme de ma vie il sçait toute l'histoire,
Vous fera voir sur qui vous auez la victoire.

ISABELLE.

Tardez encore moins, & par ce prompt retour
Ie iugeray quelle est enuers vous mon amour.

SCENE V.

CLINDOR, ISABELLE.

CLINDOR.

IVgez plustost par là, l'humeur du personnage,
Ce Page n'est chez luy que pour ce badinage,
Et venir d'heure en heure aduertir sa grandeur,
D'vn Courrier, d'vn Agent, ou d'vn Ambassadeur.

ISABELLE.

Ce message me plaist bien plus qu'il ne luy semble:
Il me defait d'vn fou pour nous laisser ensemble.

CLINDOR.

Ce discours fauorable enhardira mes fœux
A bien vser d'vn temps si propice à mes vœux.

ISABELLE.

Que m'allez-vous conter?

CLINDOR.

Que i'adore Isabelle,
Que ie n'ay plus de cœur ny d'ame que pour elle;
Que ma vie....

ISABELLE.

Espargnez ces propos superflus.
Ie les sçay, ie les croy, que voulez vous de plus?
Ie neglige à vos yeux l'offre d'vn diadéme,
Ie dedaigne vn riual, en vn mot ie vous ayme.
C'est aux commencements des foibles passions
A s'amuser encor aux protestations,
Il suiffit de nous voir au point ou sont les nostres,
Vn clin d'œil vaut pour vous tout le discours des autres.

CLINDOR.

Dieux qui l'eust iamais creu que mon sort rigoureux
Se rendist si facile à mon cœur amoureux!
Banny de mon pays par la rigueur d'vn pere,
Sans support, sans amis, accablé de misere,
Et reduit à flater le caprice arrogant
Et les vaines humeurs d'vn maistre extrauagant,
En ce piteux estat ma fortune si basse
Trouue encor quelque part en vostre bonne grace,
Et d'vn riual puissant les biens, & la grandeur
Obtiennent moins sur vous que ma sincere ardeur.

ISABELLE.

C'est comme il faut choisir, & l'amour veritable
S'attache seulement à ce qu'il voit d'aimable:
Qui regarde les biens, ou la condition,
N'a qu'vn amour auare ou plain d'ambition,
Et soüille laschement par ce meslange infame
Les plus nobles desirs qu'enfantent vne belle ame.
Ie sçay bien que mon pere a d'autres sentiments

Et mettra de l'obstacle à nos contentements,
Mais l'amour sur mon cœur a pris trop de puissance
Pour escouter encor les loix de la naissance,
Mon pere peut beaucoup, mais biẽ moins que ma foy,
Il a choisy pour luy, ie veux choisir pour moy.

CLINDOR.

Confus de voir donner à mon peu de merite....

ISABELLE,

Voicy mon importun souffrez que ie l'éuite.

SCENE VI.

ADRASTE, CLINDOR.

ADRASTE.

Qve vous estes heureux; & quel malheur me suit,
Ma maistresse vous souffre, & l'ingrate me fuit,
Quelque goust qu'elle prenne en vostre compagnie
Si tost que i'ay paru mon abord la bannie.

CLINDOR.

Sans qu'elle ayt veu vos pas s'adresser en ce lieu,
Lasse de mes discours elle m'a dit adieu.

ADRASTE.

Lasse de vos discours vostre humeur est trop bonne
Et vostre esprit trop beau pour ennuyer personne
Mais que luy contiez vous qui peust l'importuner?

CLINDOR.

Des choses qu'aisément vous pouuez deuiner,

Les

Les amours de mon maistre ou plustost ses sotises;
Ses conquestes en l'air, ses hautes entreprises.

ADRASTE.

Voulez vous m'obliger? vostre maistre, ny vous,
N'estes pas gens tous deux à me rendre ialoux,
Mais si vous ne pouuez arrester ses saillies,
Diuertissez ailleurs le cours de ses folies,

CLINDOR.

Que craignez vous de luy dont tous les complimens
Ne parlent que de morts & de sacagements,
Qu'il bat, terrasse, brise, estrangle, brusle, assomme?

ADRASTE.

Pour estre son valet ie vous trouue honneste homme,
Vous n'auez point la mine à seruir sans dessein
Vn fanfaron plus fou que son discours n'est vain,
Quoy qu'il en soit, depuis que ie vous voy chez elle
Tousiours de plus en plus ie l'esprouue cruelle:
Ou vous seruez quelque autre, ou vostre qualité
Laisse dans vos proiets trop de temerité,
Ie vous tiens fort suspect de quelque haute adresse:
Que vostre maistre enfin fasse vne autre maistresse,
Ou s'il ne peut quitter vn entretien si doux
Qu'il se serue du moins d'vn autre que de vous.
Ce n'est pas qu'apres tout les volontez d'vn pere
Qui sçait ce que ie suis ne terminent l'affaire,
Mais purgez moy l'esprit de ce petit soucy,
Et si vous vous aymez bannissez vous d'icy,
Car si ie vous voy plus regarder cette porte

Ie sçay comme traiter les gens de vostre sorte.

CLINDOR.

Me croyez vous bastant de nuire à vostre feu?

ADRASTE.

Sans replique, de grace, ou vous verrez beau ieu:
Allez, c'est assez dit.

CLINDOR.

Pour vn leger ombrage
C'est trop indignement traitter vn bon courage.
Si le Ciel en naissant ne m'a fait grand seigneur
Il m'a fait le cœur ferme & sensible à l'honneur,
Et ie suis hõme à rendre vn iour ce qu'on me preste.

ADRASTE.

Quoy! vous me menacez!

CLINDOR.

Non, non, ie fay retraite,
D'vn si cruel affront vous aurez peu de fruit,
Mais ce n'est pas icy qu'il faut faire du bruit.

SCENE VII.

ADRASTE, LISE.

ADRASTE.

Ce belistre insolent me fait encor brauade.

LISE.

A ce conte, Monsieur, vostre esprit est malade?

ADRASTE.

Malade! mon esprit?

LISE.

Ouy, puisqu'il est ialoux
Du malheureux agent de ce Prince des fous.

ADRASTE.

Ie suis trop glorieux & croy trop d'Isabelle
Pour craindre qu'vn valet me suplãte aupres d'elle,
Ie ne puis toutefois souffrir sans quelque ennuy
Le plaisir qu'elle prend à rire auecque luy.

LISE.

C'est dénier ensemble & confesser la debte.

ADRASTE.

Nomme, si tu le veux ma boutade indiscrete,
Et trouue mes soupçons bien ou mal à propos,
Ie l'ay chassé d'icy pour me mettre en repos.
En effet, qu'en est-il?

LISE.

Si i'ose vous le dire,
Ce n'est plus que pour luy, qu'Isabelle soupire.

ADRASTE.

O Dieux que me dis-tu?

LISE.

Qu'il possede son cœur,
Que iamais feux naissans n'eurent tant de vigueur,
Qu'ils meurent l'vn pour l'autre, & n'ont qu'vne pensée.

ADRASTE.

Trop ingrate beauté, desloyalle insensée,

Tu m'oses donc ainsi preferer vn marant?

LISE.

Ce riual orgueilleux le porte bien plus haut,
Et ie vous en veus faire entiere confidence,
Il se dit gentilhomme, & riche.

ADRASTE.

Ah! l'impudence!

LISE.

D'vn pere rigoureux fuyant l'authorité
Il a couru long temps d'vn & d'autre costé
En fin manque d'argent peut-estre par caprice
De nostre Rodomont il s'est mis au seruice,
Où choisi pour agent de ces folles amours
Isabelle a presté l'oreille à ses discours,
Il a si bien charmé cette pauure abusée,
Que vous en auez veu vostre ardeur mesprisée,
Mais parlez à son pere & bien tost son pouuoir
Remettra son esprit aux termes du deuoir.

ADRASTE.

Ie viens tout maintenant d'en tirer asseurance
De receuoir les fruits de ma perseuerance,
Et deuant qu'il soit peu nous en verrons l'effet,
Mais escoute, il me faut obliger tout à fait.

LISE.

Où ie vous puis seruir, i'ose tout entreprendre.

ADRASTE.

Peux-tu dans leurs amours me les faire surpren-
dre?

LISE.

Il n'eſt rien plus aiſé. peut-eſtre dés ce ſoir.

ADRASTE

Adieu donc, ſouuien toy de me les faire voir
Cependant prens cecy ſeulement par auance.

LISE.

Que le galant alors ſoit froté d'importance.

ADRASTE.

Croy moy qu'il ſe verra pour te mieux contenter.
Chargé d'autant de bois qu'il en pourra porter.

SCENE VIII.

LISE.

L'Arrogant croit des-ja tenir ville gaignée,
Mais il ſera puny de m'auoir deſdaignée.
Par-ce qu'il eſt aymable il fait le petit Dieu;
Et ne veut s'adreſſer qu'aux filles de bon lieu,
Ie ne merite pas l'honneur de ſes carreſſes:
Vrayment c'eſt pour ſon nez il luy faut des maiſtreſſes,
Ie ne ſuis que ſeruante, & qu'eſt-il que valet;
Si ſon viſage eſt beau le mien n'eſt pas trop laid.
Il ſe dit riche & noble, cela me fait bien rire,
Si loing de ſon pays qui n'en peut autant dire;
Qui le ſoit, nous verrons ce ſoir ſi ie le tiens
Dancer ſous le cotret ſa nobleſſe & ſes biens.

SCENE IX.

ALCANDRE, PRIDAMANT.

ALCANDRE.

E cœur vous bat vn peu.

PRIDAMANT.

Ie crains cette menace.

ALCANDRE.

Lise ayme trop Clindor pour causer sa disgrace.

PRIDAMANT.

Elle cen est mesprisée & cherche à se venger.

ALCANDRE

Ne craignez, point l'amour la fera bien changer.

ACTE III.

SCENE PREMIERE.

GERONTE, ISABELLE.

GERONTE.

APpaisez vos souspirs & tarissez vos larmes,
Contre ma volonté ce sont de foibles armes,
Mon cœur quoy que sensible à toutes vos douleurs
Escoute la raison & neglige vos pleurs,
Ie cognois vostre bien beaucoup mieux que vous mesme,

Orguilleuse, il vous faut, ie pense vn diadéme!
Et ce ieune Baron auecque tout son bien
Passe encore chez vous pour vn homme de rien!
Que luy manque apres tout? bien fait de corps & d'ame,
Noble, courageux, riche, adroit, & plain de flâme,
Il vous fait trop d'honneur.

ISABELLE.

Ie sçay qu'il est parfait,
Et recognoy fort mal les honneurs qu'il m'a fait,
Mais si vostre bonté me permet en ma cause
Pour me iustifier de dire quelque chose,
Par vn secret instinct que ie ne puis nommer
I'en fais beaucoup d'estat & ne le puis aymer.
De certains mouuements que le Ciel nous inspire
Nous font aux yeux d'autruy souuët choisir le pire,
C'est luy qui d'vn regard fait naistre en nostre cœur
L'estime, ou le mespris, l'amour, ou la rigueur:
Il attache icy bas auec des sympathies
Les ames que son choix à la haut assorties,
On n'en sçauroit vnir sans ses auis secrets,
Et cette chaisne manque où māque ses decrets.
Aller contre les loix de cette prouidence
C'est le prendre à partie, & blasmer sa prudence.
L'attaquer en rebelle, & s'exposer aux coups
Des plus âspres malheurs qui suiuent son courroux.

GERONTE.

Impudente, est-ce ainsi que l'on se iustifie?

Quel maistre vous apprend ceste philosophie?
Vous en sçauez beaucoup, mais tout vostre sçauoir
Ne m'empeschera pas d'vser de mon pouuoir
Si le Ciel pour mon choix vous donne tant de haine,
Vous a-t'il mise en feu pour vn grand Capitaine?
Ce guerrier valeureux vous tient il dans ses fers,
Et vous a-t'il domptée auec tout l'vniuers;
Ce farfaron doit il releuer ma famille?

ISABELLE.

Et de grace, Monsieur, traitez mieux vostre fille.

GERONTE.

Quel suiet donc vous porte à me desobeir?

ISABELLE.

Mon heur & mon repos que ie ne puis trahir,
Ce que vous appellez vn heureux Hymenée,
N'est pour moy qu'vn enfer, si i'y suis condamnée

GERONTE.

Ah qu'il en est encor de mieux faites que vous
Qui se voudroient bien voir dans vn enfer si doux!
Apres tout, ie le veux, cédez à ma puissance.

ISABELLE.

Faites vn autre essay de mon obeissance.

GERONTE.

Ne me repliquez plus, quand i'ay dit, ie le veux,
Rentrez, c'est desormais trop contesté nous deux.

SCENE

SCENE II.

GERONTE.

Qu'a present la ieunesse à d'estranges manies!
Les regles du deuoir luy sont des tyrannies,
Et les droits les plus saincts deuiennent impuissãts
A l'empescher de courre apres son propre sens:
Mais c'est l'humeur du sexe, il ayme à contredire,
Pour secoüer s'il peut le ioug de nostre empire,
Ne suit que son caprice en ses affections,
Et n'est iamais d'acord de nos eslections.
N'espere pas pourtant aueugle, & sans ceruelle
Que ma prudence cede à ton esprit rebelle.
Mais ce fou viendra-t'il tousiours m'embarrasser
Par force, ou par adresse il me le faut chasser.

SCENE III.

GERONTE, MATAMORE, CLINDOR.

MATAMORE à Clindor.

Ne m'auras tu point en fin pitié de ma fortune?
Le grand visir encor de nouueau m'importune.
Le Tartare d'ailleurs m'appelle à son secours
Narsingue & Calicut m'en pressent tous les iours,
Si ie ne les refuse il me faut mettre en quatre.

CLINDOR.

Pour moy ie suis d'aduis que vous les laißiez battre.
Vous employeriez trop mal vos inuincibles coups,
Si pour en seruir vn vous faisiez trois ialoux.

MATAMORE.

Tu dis bien, c'est assez de telles courtoisies
Ie ne veux qu'en amour donner des ialousies!
Ah, Monsieur, excusez si faute de vous voir
Bien que si pres de vous ie manquois au deuoir.
Mais quelle émotion paroist sur ce visage?
Où sont vos ennemis que i'en face vn carnage?

GERONTE.

Mõsieur graces aux Dieux, ie n'ay point d'ennemis.

MATAMORE.

Mais graces à ce bras qui vous les a soubmis.

GERONTE.

C'est vne grace encor que i'auois ignorée.

MATAMORE.

Depuis que ma faueur pour vous s'est declarée.
Ils sont tous morts de peur, ou n'ont osé branler.

GERONTE.

C'est ailleurs maintenant qu'il vous faut signaler.
Il fait beau voir ce bras plus craint que le tõnerre,
Demeurer si paisible en vn temps plain de guerre
Et c'est pour acquerir vn nom bien releué
D'estre dans vne ville à battre le paué!
Chacun croit vostre gloire à faux titre vsurpée
E vous ne passez plus que pour traisneur d'espée.

MATAMORE.

Ah ventre! il est tout vray que vous auez raison,
Mais le moien d'aller si ie suis en prison
Isabelle m'arreste & ses yeux plains de charmes
Ont captiué mon cœur & suspendu mes armes.

GERONTE.

Si rien que son suiet ne vous tient arresté
Faites vostre équipage en toute liberté,
Elle n'est pas pour vous n'en soyez point en peine.

MATAMORE.

Ventre! que dites vous ? ie la veux faire Reyne.

GERONTE.

Ie ne suis pas d'humeur, à rire tant de fois
Du crotesque recit de vos rares exploits,
La sotise ne plaist qu'alors qu'elle est nouuelle:
En vn mot faites Reyne vne autre qu'Isabelle;
Si pour l'entretenir vous venez plus icy.

MATAMORE.

Il a perdu le sens de me parler ainsi
Pauure hōme sçais-tu bien que mon nom effroyable
Met le grād Turc en fuite, & fait trēbler le diable,
Que pour t'aneantir ie ne veux qu'vn moment?

GERONTE.

I'ay chez moy des valets à mon commandement,
Qui se cognoissant mal à faire des brauades
Respondroient de la main à vos rodomontades.

MATAMORE à Clindor

Dy luy ce que i'ay fait en mille & mille lieux.

GERONTE.

Adieu, moderez vous, il vous en prendra mieux:
Bien que ie ne sois pas de ceux qui vous haissent,
I'ay le sang vn peu chaud & mes gens m'obeissent.

SCENE IV.

MATAMORE, CLINDOR.

MATAMORE.

Respect de ma maistresse incommode vertu,
Tiran de ma vaillance, à quoy me reduis-tu?
Que n'ay-ie eu cent riuaux à la place d'vn pere
Sur qui sans t'offencer laisser choir ma colere?
Ha visible demon, vieux spectre decharné.
Vray suppost de Satan, medaille de damné.
Tu m'oses donc bannir & mesme auec menaces:
Moy de qui tous les Rois briguent les bõnes graces.

CLINDOR.

Tandis qu'il est dehors allez dés auiourd'huy
Causer de vos amours & vous mocquer de luy

MATAMORE.

Cadedieu, ces valets feroient quelque insolence.

CLINDOR.

Ce sera trop de quoy dompter leur insolence.

MATAMORE.

Ouy, mais les feux qu'il iette en sortant de prison,
Auroient en vn moment embrazé la maison.

Demoré tout à l'heure ardoises, & goutieres,
Faistes, lattes, cheurons, montans, courbes, fillieres,
Entretoises, sommiers, colomnes, solineaux,
Parnes, soles, appuis, iambages, trauerteaux,
Portes, grilles, verroux, serrures, thuilles, pierres,
Plomb, fer, plastre, cimen, peinture, marbre, verre,
Caues, puis, cours, perrõs, salles, chãmbres, greniers,
Offices, cabinets, terrasses, escaliers.
Iuge vn peu quel desordre aux yeux de ma charmeuse,
Ces feux estoufferoient son ardeur amoureuse,
Va luy parler pour moy, toy qui n'es pas vaillant,
Tu puniras à moins vn valet insolent.

CLINDOR.

C'est m'exposer....

MATAMORE.

Adieu, ie vois ouurir la porte,
Et crains que sans respect cette canaille sorte.

SCENE V.

CLINDOR, LISE.

CLINDOR.

Le souuerain poltron, à qui pour faire peur
Il ne faut qu'vne fueille, vne ombre, vne vapeur,
Vn vieillard le mal traite, il fuit pour vne fille,
Et trẽble à tous moments de crainte qu'on l'estrille.
Lise, que ton abord doit estre dangereux,
Il donne l'espouuente à ce cœur genereux,

Cet vnique vaillant, la fleur des Capitaines,
Qui dompte autant de Rois qu'il captiue de Reines.

LISE.

Mon visage est ainsi malheureux en attraits,
D'autres charmēt de loin, le mien fait peur de pres.

CLINDOR.

S'il fait peur à des fous, il charme les plus sages,
Il n'est pas quantité de semblables visages,
Si l'on brusle pour toy, ce n'est pas sans suiet,
Ie ne cognus iamais vn si gentil obiet,
L'esprit beau, prompt, accort, l'humeur vn peu rail-(leuse,
L'embon-point rauissant, la taille auantageuse.
Les yeux doux, le teint vif, & les traits delicats,
Qui seroit le brutal qui ne t'aymeroit pas?

LISE.

De grace, & depuis quand, me trouuez vous si belle
Voyez bien, ie suis Lise & non pas Isabelle.

CLINDOR.

Vous partagez vous deux mes inclinations
I'adore sa fortune & tes perfections.

LISE.

Vous en embrassez trop, c'est assez pour vous d'vne
Et mes perfections cedent à sa fortune.

CLINDOR.

Bien que pour l'espouser ie luy donne ma foy,
Penses-tu qu'en effet ie l'aime plus que toy?
L'amour & l'Hymenée ont diuerses methode
L'vn court au plus aymable, & l'autre au plus commode.

Ie suis dans la misere & tu n'as point de bien,
Vn rien s'assemble mal auec vn autre rien.
Mais si tu mesnageois ma flâme auec adresse,
Vne femme est suiette, vne amante est maistresse,
Les plaisirs sont plus grands à se voir moins souuent,
La femme les achapte, & l'amante les vend,
Vn amour par deuoir bien aisément s'altere,
Les nœuds en sont plus forts quand il est volontaire,
Il hait toute contrainte & son plus doux appas
Se gouste quand on ayme & qu'on peut n'aymer pas,
Seconde auec douceur celuy que ie te porte.

LISE.

Vous me cognoissés trop pour m'aymer de la sorte,
Et vous en parlez moins de vostre sentiment
Qu'à dessein de railler par diuertissement.
Ie prends tout en riant comme vous me le dites,
Allez continuer cependant vos visites.

CLINDOR

Vn peu de tes faueurs me rendroit plus content.

LISE.

Ma maistresse la haut est seule & vous attend.

CLINDOR.

Tu me chasses ainsi!

LISE.

Non mais ie vous enuoye
Aux lieux où vous trouuez vôtre heur & vôtre ioye.

CLINDOR.

Que mesme tes desdains me semblent gracieux!

LISE.

Ah que vous prodiguez vn temps si precieux!
Allez.

CLINDOR.

Souuien toy donc....

LISE.

De rien que m'ait peu dire.

CLINDOR.

Vn amant.

LISE.

Vn causeur qui prend plaisir à rire.

SCENE VI.

LISE.

L'Ingrat il trouue enfin mon visage charmant,
Et pour me suborner il contrefait l'amant:
Qui hait ma saincte ardeur m'ayme dans l'infamie,
Me desdaigne pour femme, & me veut pour amie!
Perfide, qu'as-tu veu dedans mes actions
Qui te deust enhardir à ces pretentions?
Qui t'a fait m'estimer digne d'estre abusée,
Et iuger mon honneur vne conqueste aisée,
I'ay tout pris en riant, mais c'estoit seulement
Pour ne t'aduertir pas de mon ressentiment,
Qu'eust produit son esclat que de la deffiance?
Qui cache sa colere, asseure sa vengeance,

Et ma

Et ma feinte douceur te laissant esperer
Te jette dans les rets que i'ay sceu preparer,
Va traistre, ayme en tous lieux, & partage ton ame,
Choisy qui tu voudras pour maistresse & pour femme,
Donne à l'vne ton cœur ; donne à l'autre ta foy,
Mais ne croy plus tromper Isabelle, ny moy.
Ce long calme bien tost va tourner en tempeste,
Et lorage est tout prest à fondre sur ta teste,
Surpris par vn riual dans ce cher entretien
Il vengera d'vn coup son malheur & le mien.
Toutefois qu'as-tu fait qui t'en rende coupable?
Pour chercher sa fortune est-on si punissable
Tu m'aimes, mais le bien te fait estre inconstant,
Au siecle ou nous viuons qui n'en feroit autant?
Oublions les proiets de sa flâme maudite,
Et laissons le iouïr du bon-heur qu'il merite,
Que de pensers diuers en mon cœur amoureux!
Et que ie sens dans l'ame vn combat rigoureux!
Perdre qui me cherit! espargner qui m'affronte!
Ruyner ce que i'ayme! aymer qui veut ma honte!
L'amour produira-t'il vn si cruel effet?
L'impudent rira-t'il de l'affront qu'il m'a fait?
Mon amour me seduit, & ma haine m'emporte,
L'vne peut tout sur moy, l'autre n'est pas moins forte;
N'escoutons plus l'amour pour vn tel suborneur,
Et laissons à la haine asseurer mon bonheur.

SCENE VII.

MATAMORE.

Es voila sans nous, non ie ne vois personne,
Auancons hardiment, tout le corps me frissonne,
Ie les entends, fuyons, le vent faisoit ce bruit,
Coulons nous en faueur des ombres de la nuit.
Vieux resueur, malgré toy i'attends icy ma Reine,
Ces diables de valets me mettent bien en peine.
De deux mille ans & plus ie ne tremblay si fort,
C'est trop me hazarder, s'ils sortent ie suis mort?
Car i'aime mieux mourir que leur donner bataille
Et profaner mon bras contre cette canaille:
Que le courage expose à d'estranges dangers!
Toutefois en tout cas ie suis des plus legers;
S'il ne faut que courir leur attente est dupée,
I'ay le pied pour le moins aussi bon que l'espéi,
Tout de bon ie les voy, c'est fait il faut mourir,
I'ay le corps tout glacé, ie ne sçaurois courir,
Destin, qu'à ma valeur tu te monstres contraire!
C'est ma Reine elle mesme auec mon Secretaire,
Tout mon corps se desglace, écoutons leurs discours,
Et voyons son adresse à traitter mes amours.

SCENE VIII.

CLINDOR, ISABELLE, MATAMORE

ISABELLE.

Tout se prepare mal du costé de mon pere,
Ie ne le vis iamais d'vne humeur si seuere,
Il ne souffrira plus vostre maistre ny vous,
Nostre Baron d'ailleurs est deuenu ialoux,
Et c'est aussy pourquoy ie vous ay fait descendre,
Dedãs mon cabinet ils nous pourroient surprendre,
Icy nous causerons en plus de seureté,
Vous pourrez vous couler d'vn & d'autre costé?
Et si quelqu'vn suruient, ma retraicte est ouuerte.

CLINDOR.

C'est trop prendre de soin pour empescher ma perte,

ISABELLE.

Ie n'en puis prendre trop pour conseruer vn bien
Sans qui tout l'vniuers ensemble ne m'est rien.
Ouy, ie fais plus d'estat d'auoir gaigné vostre ame,
Que si tout l'vniuers me cognoissoit pour Dame.
Vn riual par mon pere attaque en vain ma foy,
Vostre amour seul à droit de triompher de moy,
Des discours de tous deux ie suis persecutée.
Mais pour vous ie me plais à estre mal traictée.
Il n'est point de tourments qui ne me semblent doux,
Si ma fidelité les endure pour vous.

CLINDOR.

Vous me rendez confus & mon ame rauie
Ne vous peut en renenche offrir rien que ma vie.
Mon sang est le seul bien qui me reste en ces lieux,
Trop heureux de le perdre en seruant vos beaux yeux.
Mais si mon astre vn iour changeant son influence,
Me donne vn accés libre aux lieux de ma naissance,
Vous verrez que ce choix n'est pas tant inegal,
Et si tout balancé, ie vaux bien vn riual,
Cependant mon soucy, permettez moy de craindre
Qu'vn pere & ce riual ne vueillent vous contraindre.

ISABELLE.

I'en sçay bien le remede, & croyez qu'en ce cas,
L'vn aura moins d'effet que l'autre n'a d'appas,
Ie ne vous diray point où ie suis resoluë,
Il suffit que sur moy ie me rende absoluë,
Que leurs plus grãds efforts sont des efforts en l'air,
Et que....

MATAMORE.

C'est trop souffrir, il est temps de parler.

ISABELLE.

Dieux! on nous escoutoit.

CLINDOR.

C'est nostre Capitaine,
Ie vay bien l'appaiser n'en soyez point en peine.

SCENE IX.

MATAMORE, CLINDOR.

MATAMORE.

HA traistre!

CLNDOR.

Parlés bas, ces valets...

MATAMORE.

Et bien! quoy?

CLINDOR.

Ils fondront tout à l'heure & sur vous & sur moy.

MATAMORE.

Viença, tu sçay ton crime, & qu'à l'objet que i'aime,
Loin de parler pour moy tu parlois pour toy mesme.

CLINDOR.

Ouy, i'ay pris vostre place, & vous ay mis dehors.

MATAMORE.

Ie te donne le choix de trois ou quatre morts.
Ie vay d'vn coup de poin te briser comme verre,
Ou t'enfoncer tout vif au centre de la terre,
Ou te fendre en dix parts d'vn seul coup de reuers,
Ou te ietter si haut au dessus des esclairs
Que tu sois dévoré des feux elementaires
Choisy donc promptement & songe à tes affaires.

CLINDOR.

Vous mesme choisissez.

MATAMORE.

Quel choix proposes-tu?

CLINDOR.

De fuir een diligence, ou d'estre bien battu.

MATAMORE.

Me menacer encor! ah ventre! quelle audace!
Au lieu d'estre à genoux & d'implorer me grace!
Il a donné le mot, ces valets vont sortir,
Ie m'en vay commander aux mers de t'engloutir.

CLINDOR.

Sans vous chercher si loin vn si grand cimetiere
Ie vous vay de ce pas ietter dans la riuiere.

MATEMORE.

Ils sont d'intelligence ah teste.

CLINDOR. *Point de bruit,*

I'ay des-ja massacré dix hommes cette nuit,
Et si vous me faschez vous en croistrez le nombre.

MATAMORE.

Cadedion ce coquin à marché dans mon ombre,
Il s'est fait tout vaillant d'auoir suiuy mes pas;
S'il auoit du respect i'en voudrois faire cas.
Escoute ie suis bon, & ce seroit dommage
De priuer l'vniuers d'vn homme de courage,
Demande moy pardon, & quitte cet obiet
Dont les perfections m'ont rendu son suiet.
Tu cognois ma valeur, esprouue ma clemence.

CLINDOR.

Plustost si vostre amour a tant de vehemence

Faisons deux coups d'espée au nom de sa beauté.

MATAMORE.

Parbieu tu me ravis de generosité,
Va pour la conquerir n'vse plus d'artifices,
Ie te la veux donner pour prix de tes seruices,
Plains toy doresnauant d'auoir vn maistre ingrat.

CLINDOR.

A ce rare present d'aise le cœur me bat (nime,
Protecteur des grands Roys, guerrier trop magna-
Puisse tout l'vniuers bruire de vostre estime.

SCENE X.

ISABELLE, MATAMORE, CLINDOR.

ISABELLE.

Ie rends graces au Ciel de ce qu'il a permis
Qu'à la fin sans combat ie vous voy bons amis.

MATAMORE.

Ne pensez plus ma Reine, à l'honneur que ma flâme
Vous deuoit faire vn iour de vous prendre pour femme:
Pour quelque occasion i'ay changé de dessein,
Mais ie vous veux donner vn homme de ma main,
Faictes en de l'estat il est vaillant luy mesme,
Il commandoit sous moy.

ISABELLE.

Pour vous plaire ie l'ayme.

CLINDOR

Mais il faut du silence à vostre affection.

MATAMORE.

Ie vous promets silence & ma protection;
Aduouez vous de moy par tous les coins du monde,
Ie suis craint à l'esgal sur la terre & sur l'onde.
Allez viuez contens sous vne mesme loy.

ISABELLE.

Pour vous mieux obeïr ie luy donne ma foy.

CLINDOR.

Commandés que sa foy soit d'vn baiser suiuie.

MATAMORE,

Ie le veux.

SCENE VI.

GERONTE, ADRASTE, MATAMORE, CLINDOR, ISABELLE, LISE, Troupes de Domestiques.

ADRASTE.

CE baiser te va couster la vie,
Suborneur.

MATAMORE.

Ils ont pris mon courage en deffaut
Cette porte est ouuerte, allons gagner le haut.

CLINDOR.

CLINDOR.

Traistre qui te fais fort d'vne troupe brigande,
Ie te choisiray bien au milieu de la bande,

GERONTE.

Dieux! Adraste est blessé, courez au Medecin,
Vous autres cependant arrestez l'assaßin.

CLINDOR.

Helas, ie céde au nombre, Adieu chere Isabelle,
Ie tombe au precipice où mon destin m'appelle.

GERONTE.

C'en est fait, emportez ce corps à la maison
Et vous, conduisez tost ce traistre à la prison.

SCENE XII.

ALCANDRE, PRIDAMANT.

PRIDAMANT.

HElas mon fils est mort.

ALCANDRE.

Que vous auez d'alarmes!

PRIDAMANT.

Ne luy refusez point le secours de vos charmes.

ALCANDRE.

Vn peu de patience & sans vn tel secours
Vous le verrez bien tost heureux en ses amours.

ACTE IV.

SCENE PREMIERE.

ISABELLE.

En fin le terme approche, vn iugement inique
Doit faire agir demain vn pouuoir tyrãnique,
A son propre assassin immoler mon amant.
Et faire vne vengeance au lieu d'vn chastiment.
Par vn decret iniuste autant comme seuere
Demain doit triompher la haine de mon pere.
La faueur du pays, l'authorité du mort,
Le malheur d'Isabelle, & la rigueur du sort,
Helas que d'ennemis & de quelle puissance
Contre le foible appuy que donne l'innocence
Contre vn pauure inconnu de qui tout le forfaict
C'est de m'auoir aymée & d'estre trop parfaict!
Ouy, Clindor tes vertus & ton feu legitime,
T'ayant acquis mon cœur, ont fait aussi ton crime,
Contr'elles vn ialoux fit son traistre dessain
Et receut le trespas qu'il portoit dans son sain.
Qu'il eust valu bien mieux à ta valeur trompée
Offrir ton estomac ouuert à son espée
Puisque loin de punir ceux qui t'ont attaqué
Les loix vont acheuer le coup qu'ils ont manqué!
Tu fusses mort alors mais sans ignominie,
Ta mort n'eust point laissé ta memoire ternie,

On n'eust point veu le foible opprimé du puissant,
Ny mon pays souillé du sang d'vn innocent,
Ny Themis endurer l'indigne violence,
Qui pour l'assassiner emprunte sa balence.
Helas! & dequoy sert à mon cœur enflamé,
Auoir fait vn beau choix & d'auoir bien aymé,
Si mon amour fatal te conduit au supplice
Et m'appreste à moy mesme vn mortel precipice!
Car en vain apres toy l'on me laisse le iour,
Ie veux perdre la vie en perdant mon amour,
Prononçant ton arrest c'est de moy qu'on dispose,
Ie veux suiure ta mort puis que i'en suis la cause,
Et le mesme moment verra par deux trespas
Nos esprits amoureux se reioindre là bas.
Ainsi, pere inhumain, ta cruauté deceuë
De nos sainctes ardeurs verra l'heureuse issue,
Et si ma perte alors fait naistre tes douleurs,
Aupres de mon amant ie riray de tes pleurs,
Ce qu'vn remords cuisant te coustera de larmes
D'vn si doux entretien augmentera les charmes,
Ou s'il n'a pas assez dequoy te tourmenter
Mon ombre chaque iour viendra t'espouuenter,
S'attacher à tes pas dans l'horreur des tenebres,
Presenter à tes yeux mille images funebres,
Ietter dans ton esprit vn eternel effroy,
Te reprocher ma mort, t'appeller apres moy,
Accabler de malheurs ta languissante vie,
Et te reduire au point de me porter enuie.
Enfin..

SCENE II.

ISABELLE, LISE.

LISE.

Voy chacun dort, & vous estes icy!
Ie vous iure, Monsieur en est en grand soucy.

ISABELLE.

Quãd on n'a plus d'espoir. Lise, on n'a plus de crain(te,
Ie trouue des douceurs à faire icy ma plainte,
Icy ie vis Clindor pour la derniere fois,
Ce lieu me redit mieux les accents de sa voix,
Et remet plus auant dans ma triste pensée
L'aymable souuenir de ma faute passée.

LISE.

Que vous prenez de peine à grossir vos ennuis!

ISABELLE.

Que veux tu que ie face en l'estat où ie suis?

LISE.

De deux amants parfaits dont vous estiés seruie
L'vn est mort, & demain l'autre perdra la vie,
Sans perdre plus de temps à souspirer pour eux,
Il en faut trouuer vn qui les vaille tous deux.

ISABELLE,

Impudente, ose tu me tenir ces paroles?

LISE.

Quel fruict esperez vous de vos douleurs friuolles?

Pensez vous pour pleurer & ternir vos appas
R'appeller vostre amant des portes du trespas?
Songez plustost à faire vne illustre conqueste,
Ie sçay pour vos liens vne ame toute preste,
Vn homme incomparable.

ISABELLE. *Oste toy de mes yeux.*

LISE.

Le meilleur iugement ne choisiroit pas mieux.

ISABELLE.

Pour croistre mes douleurs faut-il que ie te voye?

LISE.

Et faut-il qu'à vos yeux ie déguise ma joye?

ISABELLE.

D'où te vient cette ioye ainsi hors de saison?

LISE.

Quand ie vous l'auray dit, iugez si i'ay raison.

ISABELLE.

Ah! ne me conte rien.

LISE. *Mais l'affaire vous touche.*

ISABELLE.

Parle moy de Clindor, ou n'ouure pas la bouche.

LISE.

Ma belle humeur qui rit au milieu des malheurs
Fait plus en vn moment qu'vn siecle de vos pleurs,
Elle a sauué Clindor.

ISABELLE.

Sauué Clindor!

LISE. *Luy mesme,*

Et puis apres cela iugez si ie vous ayme.

ISABELLE.

Et de grace, où faut-il que ie l'aille trouuer?

LISE.

Ie n'ay que commencé, c'est à vous d'acheuer.

ISABELLE.

Ah! Lise?

LISE.

Tout de bon, seriez vous pour le suiure?

ISABELLE.

Si ie suiurois celuy sans qui ie ne puis viure?
Lise, si ton esprit ne le tire des fers
Ie l'accompagneray iusque dans les enfers;
Va ne m'informe plus si ie suiurois sa fuitte.

LISE.

Puisqu'à ce beau dessein l'amour vous a reduitte
Escoutez où i'en suis, & secondez mes coups,
Si vostre amant n'eschappe il ne tiendra qu'à vous.
La prison est fort proche.

ISABELLE.

Et bien?

LISE.

Le voisinage
Au frere du Concierge a fait voir mon visage,
Et comme c'est tout vn que me voir & m'aymer,
Le pauure malheureux s'en est laissé charmer.

ISABELLE.

Ie n'en auois rien sceu!

LISE.

I'en auois tant de honte
Que ie mourois de peur qu'on vous en fist le conte,

Mais depuis quatre iours vostre amant arresté
A fait que l'allant voir ie l'ay mieux escouté,
Des yeux & du discours flattant son esperance
D'vn mutuel amour i'ay formé l'apparence.
Quand on ayme vne fois & qu'on se croit aymé
On fait tout pour l'obiet dont on est enflamé,
Par là i'ay sur son ame asseuré mon empire
Et l'ay mis en estat de ne m'oser dédire
Quand il n'a plus douté de mon affection,
I'ay fondé mes refus sur sa condition,
Et luy pour m'obliger iuroit de s'y desplaire
Mais que mal aisément il s'en pouuoit deffaire,
Que les clefs des prisons qu'il gardoit auiourd'huy
Estoit le plus grand bien de son frere & de luy.
Moy de prendre mon temps, que sa bonne fortune
Ne luy pouuoit offrir d'heure plus opportune,
Que pour se faire riche & pour me posseder
Il n'auoit seulement qu'à s'en accommoder,
Qu'il tenoit dans les fers vn seigneur de Bretagne
Deguisé sous le nom du sieur de la Montagne,
Qu'il falloit le sauuer & le suiure chez luy,
Qu'il nous feroit du bien & seroit nostre appuy.
Il demeure estonné, ie le presse, il s'excuse,
Il me parle d'amour, & moy ie le refuse.
Ie le quitte en colere, il me suit tout confus,
Me fait nouuelle excuse, & moy nouueau refus.

ISABELLE.

Mais en fin.

LISE.

I'y retourne, & le trouue fort triste,
Ie le iuge ébranlé, ie l'attaque, il resiste,
Ce matin, en vn mot le peril est pressant,
C'ay-ie dit, tu peux tout, & ton frere est absent.
Mais il faut de l'argent pour vn si long voyage,
M'a-t'il dit, il en faut pour faire l'équipage,
Ce Caualier en manque.

ISABELLE. Ah! Lise tu deuois
Luy faire offre en ce cas de tout ce que i'auois,
Perles, bagues, habits.

LISE. I'ay bien fait encor pire,
I'ay dit que c'est pour vous que ce captif soûpire.
Que vous l'aymiez de mesme & fuiriez auec nous
Ce mot me l'a rendu si traitable & si doux,
Que i'ay bien recognu qu'vn peu de ialousie
Touchant vostre Clindor brouilloit sa fantasie,
Et que tous ces delais prouenoient seulement
D'vne vaine frayeur qu'il ne fust mon amant
Il est party soudain apres vostre amour sceuë,
A trouué tout aisé, m'en à promis l'issuë,
Qu'il alloit y pouruoir & que vers la minuit,
Vous fussiez toute preste à desloger sans bruit.

ISABELLE.

Que tu me rends heureuse!

LISE. Adioustez y de grace
Qu'accepter vn mary pour qui ie suis de glace,
C'est me sacrifier à vos contentements.

ISABELLE.

ISABELLE.

Außi.

LISE.

Ie ne veux point de vos remerciments,
Allez ployer bagage, & n'espargnez en somme
N'y vostre cabinet, ny celuy du bon homme,
Ie vous vends ses tresors, mais à fort bon marché,
I'ay dérobé ses clefs depuis qu'il est couché,
Ie vous les liure.

ISABELLE.

Allons faire le coup ensemble.

LISE.

Passés vous de mon ayde.

ISABELLE.

Et quoy! le cœur te tremble!

LISE.

Non, mais c'est vn secret tout propre à l'esueiller,
Nous ne nous garderions iamais de babiller.

ISABELLE.

Folle tu ris tousiours.

LISE.

De peur d'vne surprise
Ie dois attendre icy le chef de l'entreprise,
S'il tardoit à la ruë, il seroit recognen,
Nous vous yrons trouuer dés qu'il sera venu,
C'est la sans raillerie.

ISABELLE.

Adieu donc ie te laisse

Et consents que tu sois aniourd'huy la maistresse.

LISE.

C'est du moins.

ISABELLE.

Fait bon guet.

LISE.

Vous faites bon butin.

SCENE III.

LISE.

AInsi Clindor, ie fais moy seule ton destin,
Des fers où ie t'ay mis, c'est moy qui te deliure
Et te puis à mon choix faire mourir, ou viure.
On me vengeoit de toy par delà mes desirs,
Ie n'auois de dessain que contre tes plaisirs,
Ton sort trop rigoureux m'a fait changer d'enuie,
Ie te veux asseurer tes plaisirs & ta vie,
Et mon amour esteint te voyant en danger
Renaist pour m'aduertir que c'est trop me venger.
I'espere aussi, Clindor, que pour recognoissance,
Tu redoubleras pour moy tes vœux dans l'innocence,
Qu'vn mary me tenant en sa possession
Sa presence vaincra ta folle passion
Ou que si cette ardeur encore te possede
Ma maistresse aduertie y mettra bon remede.

SCENE IV.

MATAMORE ISABELLE, LISE.

ISABELLE.

QVoy! chez nous & de nuit!

MATAMORE.

L'autre iour.

ISABELLE.

Qu'est-cecy;

L'autre iour ! est-il temps que ie vous trouue icy?

LISE.

C'est ce grand Capitaine, où s'est-il laissé prendre?

ISABELLE.

En montant l'escalior ie l'en ay veu descendre.

MATAMORE.

L'autre iour au deffaut de mon affection,
I'asseuray vos appas de ma protection.

ISABELLE.

Apres?

MATAMORE.

On vint icy faire vne brouillerie,
Vous r'entrastes voyant cette forfanterie,
Et pour vous proteger ie vous suiuis soudain.

ISABELLE.

Vostre valeur prist lors vn genereux dessein.
Depuis?

MATAMORE.

Pour conseruer vne Dame si belle
Au plus haut du logis ay fait la sentinelle.

ISABELLE.

Sans sortir?

MATAMORE.

Sans sortir?

LISE.

C'est à dire en deux mots
Qu'il s'est caché de peur dans la chābre aux fagots.

MATAMORE.

De peur.

LISE.

Ouy, vous tremblez, la vostre est sans égale.

MATAMORE.

Parce quelle à bon pas i'en fais mon Bucephale,
Lors que ie la domptay ie luy fis cette loy.
Et depuis quand ie marche elle tremble sous moy.

LISE.

Vostre caprice est rare à choisir des monteures.

MATAMORE.

C'est pour aller plus viste aux grandes auentures.

ISABELLE.

Vous en exploitez bien mais changeons de discours,
Vous auez demeuré la dedans quatre iours?

MATAMORE.

Quatre iours.

ISABELLE.

Et vescu?

MATAMORE.

De Nectar, d'Ambrosie.

LISE.

Ie croy que cette viande aisément rassasie.

MATAMORE.

Aucunement.

ISABELLE.

En fin vous estiez descendu?

MATAMORE.

Pour faire qu'vn amant en vos bras fust rendu.
Pour rompre sa prison, en fracasser les portes,
Et briser en morceaux ses chaisnes les plus fortes.

LISE.

Aduouez franchement que pressé de la faim
Vous veniez bien plustost faire la guerre au pain.

MATAMORE.

L'vn & l'autre parbieu. Cette Ambrosie est fade,
I'en eus au bout d'vn iour l'estomac tout malade,
C'est vn mets delicat, & de peu de soustien;
A moins que d'estre vn Dieu l'on n'en viuroit pas bien,
Il cause mille maux, & dés l'heure qu'il entre,
Il allonge les dents & rétressit le ventre.

LISE.

Enfin c'est vn ragoust qui ne vous plaisoit pas?

MATAMORE.

Quitte pour chaque iour faire deux tours en bas,
Et la m'accommodant des reliefs de cuisine
Mesler la viande humaine auecque la diuine.

ISABELLE.

Vous auiez apres tout dessein de nous voler.

MATAMORE.

Vous mesmes apres tout m'osez vous quereller?
Si ie laisse vne fois échapper ma colere.

ISABELLE.

Lise, fay moy venir les valets de mon pere.

MATAMORE.

Vn sot les attendroit.

SCENE V.

ISABELLE, LISE.

LISE.

VOus ne le tenez pas.

ISABELLE.

Il nous auoit bien dit que la peur à bon pas.

LISE.

Vous n'auez cependant rien fait ou peu de chose.

ISABELLE.

Rien du tout, que veux-tu? sa rencontre en est cause.

LISE.

Mais vous n'auiez alors qu'à le laisser aller.

ISABELLE.

Mais il m'a recognuë & m'est venu parler:
Moy qui seule & de nuit craignois son insolence
Et beaucoup plus encor de troubler le silence,
I'ay creu pour m'en deffaire & m'oster de soucy,
Que le meilleur estoit de l'amener icy.
Voy quand i'ay ton secours que ie me tiens vaillante
Puis que i'ose affronter cette humeur violente.

LISE.

I'en ay ry comme vous, mais non pas sans murmure,
C'est bien du temps perdu.

ISABELLE.

Ie le vay reparer.

LISE.

Voicy le conducteur de nostre intelligence.
Sçachez auparauant toute sa diligence.

SCENE VI.

ISABELLE, LISE, LE GEOLIER.

ISABELLE.

Et bien, mon grãd amy, braueron nous le sort,
Et viens-tu m'apporter ou la vie ou la mort?
Ce n'est plus qu'en toy seul que mon espoir se fonde.

LE GEOLIER.

Madame, graces aux Dieux, tout va le mieux du monde,
Il ne faut que partir, i'ay des cheuaux tous prests,
Et vous pourrez bien tost vous mocquer des arrests.

ISABELLE.

Ah! que tu me rauis, & quel digne salaire
Pourray-ie presenter à mon Dieu tutelaire?

LE GEOLIER.

Voicy la recompense où mon desir pretens.

ILABELLE.

Lise, il faut se resoudre à le rendre content,

LISE.

Ouy, mais tout son apprest nous est fort inutile,
Comment ouurirons-nous les portes de la ville?

LE GEOLIER. (bourg:

On nous tient des cheuaux en main seure aux faux-
Et ie sçay vn vieux mur qui tombe tous les iours,
Nous pourrons aisément sortir par cés ruines.

ISABELLE.

Ah! que ie me trouuois sur d'estranges espines!

LE GEOLIER.

Mais il faut se haster.

ISABELLE. Nous partirons soudain.

Vien nous ayder la haut à faire nostre main.

SCENE VII.

CLINDOR en prison.

AImable souuenir de mes cheres delices
Qu'on va bien tost chãger en d'infames suppli-
Que malgré les horreurs de ce mortel effroy (ces,
Vous auez de douceurs, & de charmes pour moy!
Ne m'abandonnez point, soyez moy plus fidelles
Que les rigueurs du sort ne se monstrent cruelles,
Et lors que du trespas les plus noires couleurs
Viendront à mon esprit figurer mes mal-heurs
Figurez aussi tost à mon ame interdite
Combien ie suis heureux par delà mon merite:
Lors que ie me plaindray de leur seuerité,
Redites moy l'excez de ma temerité,
Que d'vn si haut dessein ma fortune incapable
Rendoit ma flâme iniuste, & mon espoir coupable,

Que

Qui ie fus criminel quand ie deuins amant;
Et que ma mort en est le iuste chastiment.
Quel bonheur m'accompagne à la fin de ma vie!
Isabelle ie meurs pour vous auoir seruie,
Et de quelque trenchant que ie souffre les coups
Ie meurs trop glorieux puisque ie meurs pour vous.
Helas! que ie me flatte & que i'ay d'artifice.
Pour desguiser la honte & l'horreur d'vn supplice!
Il faut mourir enfin, & quitter ces beaux yeux
Dont le fatal amour me rend si glorieux,
L'ombre d'vn meurtrier cause encor ma ruine,
Il succomba viuant, & mort il m'assassine,
Son nom fait contre moy ce que n'a peu son bras,
Mille assassins nouueaux naissent de son trespas,
Et ie voy de son sang fecond en perfidies
S'esleuer contre moy des ames plus hardies,
De qui les passions s'armens d'authorité,
Font vn meurtre public auec impunité!
Demain de mon courage ils doiuent faire vn crime,
Donner au desloyal ma teste pour victime,
Et tous pour le pays prennent tant d'interest,
Qu'il ne m'est pas permis de douter de l'arrest.
Ainsi de tous costez ma perte estoit certaine,
I'ay repoussé la mort, ie la reçoy pour peine,
D'vn peril euité ie tombe en vn nouueau,
Et des mains d'vn riual en celle d'vn bourreau.
Ie fremus au penser de ma triste aduanture,
Dans le sein du repos ie suis à la torture,

Au milieu de la nuit & du temps du sommeil
Ie voy de mon trespas le honteux appareil,
I'en ay deuant les yeux les funestes ministres,
On me lit du Senat les mandemens sinistres,
Ie sors les fers aux pieds, i'entends des-ja le bruit
De l'amas insolent d'vn peuple qui me suit,
Ie voy le lieu fatal où ma mort se prepare,
Là mon esprit se trouble, & ma raison s'egare,
Ie ne descouure rien propre à me secourir,
Et la peur de la mort me fait des-ja mourir,
Isabelle toy seule en resueillant ma flâme
Dissipes ces terreurs, & rasseures mon amé,
Aussi-tost que ie penses à tes diuins attraits,
Ie vois esuanouir ces infames portraits;
Quelques rudes assauts que le malheur me liuré,
Garde mon souuenir & ie croiray reuiure,
Mais d'ouuient que de nuit on ouure ma prison!
Amy que viens-tu faire icy hors de saison?

SCENE VIII.

CLINDOR, LEGEOLIER.

LE GEOLIER.

LEs iuges assemblez pour punir vostre audace
Meus de compassion en fin vous ont fait grace.

CLINDOR.

M'ont fait grace, bons Dieux!

LE GEOLIER.

Ouy vous mourrez de nuit.

CLINDOR.

De leur compaßion est-ce là tout le fruit?

LE GEOLIER.

Que de cette faveur vous tenez peu de conte!
D'vn supplice public c'est vous sauuer la honte.

CLINDOR.

Quels encens puisse offrir aux maistres de mon sort,
Dont l'arrest me fait grace & m'enuoye à la mort?

LE GEOLIER.

Il la faut receuoir auec meilleur visage.

CLINDOR.

Fay ton office, amy, sans causer d'auantage.

LE GEOLIER.

Vne troupe d'Archers la dehors vous attend
Peut-estre en les voyant serez vous plus content.

SCENE IX.

CLINDOR, ISABELLE, LISE,
LE GEOLIER.

ISABELLE.

Lyse, nous l'allons voir.

LISE. *Que vous estes rauie:*

ISABEELE.

Ne le serois-je point de receuoir la vie?

Son destin & le mien prennent vn mesme cours,
Et ie mourrois du coup qui trancheroit ses iours.

LE GEOLIER.

Monsieur cognoissez vous beaucoup d'Archers semblables?

CLINDOR.

Ma chere ame, est-ce vous? surprises adorables!
Trompeur trop obligeant! tu disois bien vrayment
Que ie mourrois de nuict mais de contentement.

ISABELLE.

Mon heur.

LE GEOLIER.

Ne perdons point de temps à ces carresses,
Nous aurons tout loisir de baiser nos maistresses.
Quoy! Lise est donc la sienne?

ISABELLE. Escoutez le discours
De vostre liberté qu'ont produit leurs amours.

LE GEOLIER.

En lieu de seureté le babil est de mise,
Mais icy ne songeons qu'à nous oster de prise.

ISABELLE.

Sauuõs nous, mais auant promettez nous tous deux
Iusqu'au iour d'vn Hymen de moderer vos feux,
Autrement nous rentrons.

CLINDOR. Que cela ne vous tienne
Ie vous donne ma foy.

ISABELLE. Lise, reçoy la mienne.

ISABELLE.

Sur vn gage si bon, i'ose tout hazarder.

LE GEOLIER.

Nous nous amusons trop, hastons nous d'euader.

SCENE X.

ALCANDRE, PRIDAMANT.

ALCANDRE.

NE craignez plus pour eux ny peril ny disgraces,
Beaucoup les poursuiuront mais sans trouuer leurs traces.

PRIDAMANT.

A la fin ie respire.

ALCANDRE.

Apres vn tel bon-heur
Deux ans les ont montez en haut degré d'honneur,
Ie ne vous diray point le cours de leurs voyages
S'ils ont trouué le calme ou vaincu les orages,
Ny par quel art non plus ils se sont esleuez,
Il suffit d'auoir veu comme ils se sont sauuez,
Et que sans vous en faire vne histoire importune.
Ie vous les vay montrer en leur haute fortune.
Mais puis qu'il faut passer à des effets plus beaux,
Rentrons pour éuoquer des fantosmes nouueaux,
Ceux que vous auez veus representer de suite
A vos yeux estonnez leurs amours & leur fuite
N'estant pas destinez aux hautes fonctions
N'ont point assez d'éclat pour leurs conditions.

ACTE V.

SCENE PREMIERE.

ALCANDRE, PRIDAMANT.

PRIDAMANT.

QV' Isabelle est changée & qu'elle est esclatante!

ALCANDRE.

Lise marche apres elle & luy sert de suiuante
Mais de rechef sur tout n'ayez aucun effroy,
Et de ce lieu fatal ne sortez qu'apres moy,
Je vous le dis encor, il y va de la vie.

PRIDAMANT.

Cette condition m'en ostera l'enuie,

SCENE II.

ISABELLE, LISE.

LISE.

CE diuertissement n'aura-il point de fin;
Et voulez vous passer la nuit dans ce iardin?

ISABELLE.

Je ne puis plus cacher le suiet qui m'ameine,
C'est grossir mes douleurs que de taire ma peine?
Le Prince Florilame.

LISE. *Et bien? il eſt abſent.*

ISABELLE.

C'eſt la ſource des maux que mon ame reſſent,
Nous ſommes ſos voiſins & l'amour qu'il nous porte
Dedans ſon grand iardin nous permet cette porte,
La Princeſſe Roſine & mon perfide eſpoux
Durant qu'il eſt abſent en font leur rendez-vous,
Ie l'attends au paſſage & luy feray cognoiſtre
Que ie ne ſuis pas fẽme à rien ſouffrir d'vn traiſtre.

LISE.

Madame, croyez moy, loin de le quereller
Vous feriez beaucoup mieux de tout diſsimuler,
Ce n'eſt pas bien à nous d'auoir des ialouſies
Vn homme en court pluſtoſt apres ſes fantaſies,
Il eſt touſiours le maiſtre & tout voſtre diſcours
Par vn contraire effet l'obſtine en ſes amours.

ISABELLE.

Ie diſsimuleray ſon adultaire flâme!
Vne autre aura ſon cœur & moy le nom de femme!
Sans crime, d'vn Hymen peut il rompre la loy?
Et ne rougit-il point d'auoir ſi peu de foy?

LISE.

Cela fut bon iadis, mais au temps où nous ſommes
Ny l'Hymen, ny la foy n'obligent plus les hommes,
Madame, leur honneur a des regles à part,
Où le voſtre ſe pert, le leur eſt ſans hazard,
Et la meſme action entr'eux & nous commune
Eſt pour nous deshonneur pour eux bonne fortune.

La chasteté n'est plus la vertu d'vn mary,
La Princesse du vostre a fait son fauory,
Sa reputation croistra par ses carresses,
L'hõneur d'vn galand hõme est d'auoir des maistresses,

ISABELLE.

Oste-moy cet honneur & cette vanité,
De se mettre en credit par l'infidelité.
Si pour haïr le change & viure sans amie
Vn homme comme luy tombe dans l'infamie.
Ie le tiens glorieux d'estre infame à ce prix,
S'il en est mesprisé, i'estime ce mespris,
Le blasme qu'on reçoit d'aimer trop vne femme
Aux maris vertueux est vn illustre blasme.

LISE.

Madame il vient d'entrer. la porte a fait du bruit.

ISABELLE.

Retirons nous qu'il passe.

LISE. *Il vous voit, & vous suit.*

SCENE III.

CLINDOR ISABELLE, LISE.

CLINDOR.

VOus fuyez ma Princesse, & cherchez des remises,
Sont ce-là les faueurs que vous m'auiez promises?
Où sont tant de baisers dont vostre affection

Deuoit

Deuoit estre prodigue à ma reception?
Voicy l'heure & le lieu, l'occasion est belle.
Ie suis seul vous n'auez que cette Damoiselle
Dont l'a d'exterité mesnagea nos amours;
Le temps est precieux & vous fuyez tousiours.
Vous voulez, ie m'asseure, auec ces artifices
Que les difficultez augmentent nos delices,
A la fin ie vous tiens, quoy vous me repoussez!
Que craignez-vous encor mauuaise c'est assez.
Florilame est absent, ma ialouse endormie.

ISABELLE.

En estes-vous bien seur?

LISE. *Ah! fortune ennemie.*

ISABELLE.

Ie veille desloyal, ne croys plus m'aueugler,
Au milieu de la nuit ie ne voie que trop clair:
Ie voy tous mes soupçons passer en certitudes
Et ne puis plus douter de tes ingratitudes.
Toy mesme par ta bouche as trahy ton secret,
O l'esprit aduisé pour vn amant discret!
Et que c'est en amour vne bonne prudence
D'en faire auec sa femme entiere confidence!
Où sont tant de serments de n'aymer rien que moy?
Qu'as-tu fait de ton cœur? qu'as-tu fait de ta foy?
Lors que ie la reçeus, ingrat qu'il te souuienne
De combien differoit ta fortune à la mienne,
De combien de riuaux ie dédaignay les vœux,
Ce qu'vn simple soldat pouuoit estre aupres d'eux.

Quelle tendre amitié ie reçeuois d'vn pere;
Ie l'ay quitté pourtant pour suiure ta misere,
Et ie tendis les bras à mon enleuement
Ne pouuant estre à toy de son consentement.
En qu'elle extremité depuis ne m'ont reduite
Les hazards dont le sort a trauersé ta fuite,
Et que n'ay-ie souffert auant que le bon-heur
Esleuast ta bassesse à ce haut rang d'honneur?
Si pour te voir heureux ta foy s'est relaschée,
Rends moy dedans le sein dont tu m'as arrachée,
Ie t'ayme & ton amour m'a fait tout hazarder
Non pas pour tes grandeurs mais pour te posseder.

CLINDOR.

Ne me reproche plus ta fuite, ny ta flâme;
Que ne fait point l'amour quand il possede vne ame
Son pouuoir à ma veuë attachoit tes plaisirs,
Et tu me suiuois moins que tes propres desirs.
I'estois lors peu de chose, ouy, mais qu'il te souuienne
Que ta fuite égala ta fortune à la mienne,
Et que pour t'enleuer c'estoit vn foible appas
Que l'éclat de tes biens qui ne te suiuoit pas.
Ie n'eus de mon costé que l'espée en partage,
Et ta flâme du tien fut mon seul auantage:
Celle-la m'a fait grand en ces bords estrangers,
L'autre exposa ma teste en cent & cent dangers,
Regrette maintenant ton pere & ses richesses,
Fasche toy de marcher à costé des Princesses,
Retourne en ton pays aueque tous tes biens

Chercher vn rang pareil à celuy que tu tiens.
Qui te mãque apres tout? dequoy te peux tu plaindre?
En quelle occasion m'as-tu veu te contraindre?
As-tu receu de moy ny froideur ny mespris.
Les femmes à vray dire ont d'estranges esprits;
Qu'vn mary les adore, & qu'vn amour extresme
A leur bigarre humeur se soubmette luy mesme,
Qu'il les comble d'honneur & de bons traitements,
Qu'il ne refuse rien à leurs contentements,
Fait-il la moindre breche à la foy coniugale,
Il n'est point à leur gré de crime qui l'égale,
C'est voy, c'est perfidie, assaßinat, poison,
C'est massacrer son pere, & brusler sa maison,
Et iadis des Titans l'effroyable supplice
Tomba sur Encelade auec moins de iustice.

ISABELLE.

Ie te l'ay des-ja dit que toute ta grandeur
Ne fut iamais l'obiet de ma sincere ardeur,
Ie ne suiuois que toy quand ie quittay mon pere.
Mais puisque ces grandeurs t'ont fait l'ame legere,
Laisse mon interest, songe à qui tu les dois.
Florilame luy seul t'a mis où tu te vois;
A peine il te cognut qu'il te tira de peine,
De soldat vagabond il te fit Capitaine,
Et le rare bon-heur qui suiuit cet employ
Ioignit à ses faueurs les faueurs de son Roy.
Quelle forte amitié n'a t'il point fait paroistre
A cultiuer depuis ce qu'il auoit fait naistre.

Par ses soins redoublez n'es-tu pas auiourd'huy
Vn peu moindre de rang, mais plus puissant que luy,
Il eust gaigné par là l'esprit le plus farouche
Et pour remerciment tu vas souiller sa couche!
Dans ta brutalité trouue quelque raison,
Et contre ses faueurs deffens ta trahison.
Il t'a comblé de biens, tu luy voles son ame,
Il t'a fait grand seigneur, & tu le rends infame!
Ingrat, c'est donc ainsi que tu rends les biens faits?
Et ta recognoissance a produit ces effets!

CLINDOR.

Mon ame, (car encor ce beau nom te demeure,
Et te demeurera iusqu'atant que ie meure)
Crois-tu qu'aucun respect, ou crainte du trespas
Puisse obtenir sur moy ce que tu n'obtiens pas?
Dy que ie suis ingrat, appelle moy pariure,
Mais à nos feux sacrez ne fay plus tant d'iniure,
Ils conseruent encor leur premiere vigueur,
Ie t'ayme, & si l'amour qui m'a surpris le cœur,
Auoit peu s'estouffer au point de sa naissance,
Celuy que ie te porte eust eu cette puissance.
Mais en vain contre luy l'on tasche à resister,
Toy mesme as esprouué qu'on ne le peut dompter.
Ce dieu qui te força d'abandonner ton pere,
Ton pays, & tes biens pour suiure ma misere,
Ce dieu mesme à present malgré moy m'a reduit
A te faire vn larcin des plaisirs d'vne nuit.
A mes sens déreglez souffre cette licence,

Vne pareille amour meurt dans la iouïssance,
Celle dont la vertu n'est point le fondement
Se destruit de soy mesme & passe en vn moment,
Mais celle qui nous ioint est vne amour solide,
Où l'honneur à son lustre, où la vertu preside,
Dont les fermes liens durent iusqu'au trespas
Et dont la iouïssance à de nouueaux appas.
Mon ame derechef pardonne à la surprise
Que ce tyran des cœurs a faicte à ma franchise;
Souffre vne folle ardeur qui ne viura qu'vn iour,
Et n'affoiblit en rien vn coniugal amour.

ISABELLE

Helas! que i'ay de bien à m'abuser moy mesme!
Ie voy qu'on me trahit & ie croy que l'on m'ayme;
Ie me laisse charmer à ce discours flatteur,
Et i'excuse vn forfait dont i'adore l'autheur.
Pardonne, cher espoux, au peu de retenuë
Où d'vn premier transport la chaleur est venuë,
C'est en ces accidents manquer d'affection
Que de les voir sans trouble & sans émotion.
Puisque mon teint se fane & ma beauté se passe
Il est bien iuste aussi que ton amour se lasse,
Et mesme ie croiray que ce feu passager
En l'amour coniugal ne pourra rien changer.
Songe vn peu toutefois à qui ce feu s'adresse,
En quel peril te iette vne telle maistresse.
Dissimule, deguise, & sois amant discret.
Les grands en leurs amours n'ont iamais de secret,

Ce grand train qu'à leurs pas leur grandeur propre attache.
N'est qu'vn grand corps tout d'yeux à qui rien ne (se cache
Et dont il n'est pas vn qui ne fist son effort,
A se metter en faueur par vn mauuais rapport,
Tost ou tard Florilame apprendra tes pratiques,
Ou de sa deffiance ou de ses domestiques,
Et lors (à ce penser ie frissonne d'horreur)
A quelle extremité n'ira point sa fureur?
Puisqu'à ces passe-temps ton humeur te conuie,
Cours apres tes plaisirs, mais asseure ta vie,
Sans aucun sentiment ie te verray changer,
Pourueu qu'à tout le moins tu changes sans danger.

CLINDOR.

Encor vne fois donc tu veux que ie te die,
Qu'aupres de mon amour ie mesprise ma vie,
Mon ame est trop attainte, & mon cœur trop blessé,
Pour craindre les perils dont ie suis menacé,
Ma passion m'aueugle, & pour cette conqueste
Croit hazarder trop peu de hazarder ma teste,
C'est vn feu que le temps pourra seul moderer,
C'est vn torrent qui passe, & ne sçaurost durer.

ISABELLE.

Et bien, cours au trespas, puis qu'il a tant de char (mes;
Et neglige ta vie aussi bien que mes larmes.
Penses-tu que ce Prince apres vn tel forfaict
Par ta punition se tienne satisfait?
Qui sera mon appuy lors que ta mort infame

A sa iuste vengeance exposera ta femme?
Et que sur la moitié, d'vn perfide estranger
Vne seconde fois il croira se venger?
Non, ie n'attendray pas que ta perte certaine
Attire encor sur moy les restes de ta peine,
Et que de mon honneur gardé si cherement
Il fasse vn sacrifice à son ressentiment.
Ie preuiendray la honte où ton malheur me liure,
Et sçauray bien mourir, si tu ne veux pas viure.
Ce corps dont mon amour t'a fait le possesseur,
Ne craindra plus bien tost l'effort d'vn rauisseur:
I'ay vescu pour t'aymer, mais non pour l'infamie
De seruir au mary de ton illustre amie,
Adieu, ie vay du moins, en mourant deuant toy,
Diminuer ton crime, & dégager ta foy.

CLINDOR.

Ne meurs pas, chere espouse, & dãs vn second change
Voy l'effect merueilleux où ta vertu me range.
M'aimer malgré mon crime, & vouloir par ta mort
Euiter le hazard de quelque indigne effort!
Ie ne sçay qui ie dois admirer dauantage
Ou de ce grand amour, ou de ce grand courage,
Tous les deux m'ont vaincu, ie reuiens sous tes loix,
Et ma brutale ardeur va rendre les abois,
C'en est fait, elle expire, & mon ame plus saine
Vient de rompre les nœuds de sa honteuse chaisne;
Mon cœur quand il fut pris, s'estoit mal deffendu,
Perds en le souuenir.

ISABELLE.

Ie l'ay des-ja perdu.

CLINDOR.

Que les plus beaux objets qui soient dessus la terre,
Conspirent desormais à luy faire la guerre,
Ce cœur inexpugnable aux assauts de leurs yeux,
N'aura plus que les tiens pour maistres & pour
Que leurs attraits vnis.... (*Dieux.*

LISE.

La Princesse s'auance.

Madame.

CLINDOR.

Cachez vous & nous faites silence,
Escoute nous mon ame & par nostre entretien
Iuge si son obiet m'est plus cher que le tien.

SCENE IV.

CLINDOR, ROSINE.

ROSINE.

DEsbarassée en fin d'vne importune suite
Ie remets à l'amour le soin de ma conduite,
Et pour trouuer l'autheur de ma felicité
Ie prends vn guide aueugle en cette obscurité.
Mais que son espaisseur me desrobe la veüe!
Le moyen de le voir ou d'en estre apperceuë!

voicy

Voicy la grande allée, il devroit estre icy,
Et i'entrevoy quelqu'vn, est-ce toy, mon soucy?

CLINDOR.

Madame ostez ce mot dont la feinte se ioüe,
Et que vostre vertu dans l'ame desavoüe,
C'est assez desguisé ne dissimulez plus
L'horreur que vous avez de mes feux dissolus.
Vous avez voulu voir iusqu'à quelle insolence
D'vne amour desreglée iroit la violence,
Vous l'avez veu, Madame, & c'est pour la punir
Que vos ressentiments vous font icy venir,
Faites sortir vos gens destinez à ma perte,
N'espargnez point ma teste elle vous est offerte,
Ie veux bien par ma mort appaiser vos beaux yeux,
Et ce n'est pas l'espoir qui m'amene en ces lieux.

ROSINE.

Donc au lieu d'vn amour remply d'impatience,
Ie ne rencontre en toy que de la deffiance?
As-tu l'esprit troublé de quelque illusion?
Est-ce ainsi qu'vn guerrier tremble à l'occasion!
Ie suis seule, & toy seul, d'où te vient cet ombrage?
Te faut-il de ma flâme vn plus grand tesmoignage?
Croy que ie suis sans feinte à toy iusqu'à la mort.

CLINDOR.

Ie me garderay bien de vous faire ce tort,
Vne grande Princesse à la vertu plus chere.

ROSINE

Si tu m'aimes mon cœur, quitte cette chimere,

CLINDOR.

Ce n'en est point, Madame, & ie croy voir en vous
Plus de fidelité pour vn si digne espoux.

ROSINE.

Ie la quitte pour toy, mais Dieux ! que ie m'abuse,
De ne voir pas encor qu'vn ingrat me refuse,
Son cœur n'est plus que glace, & mon aueugle ardeur
Impute à deffiance vn exces de froideur.
Va traistre, va pariure, apres m'auoir seduite
Ce sont là des discours d'vne mauuaise suitte,
Alors que ie me rends, de quoy me parles tu?
Et qui t'améne icy me prescher la vertu?

CLINDOR.

Mon respect, mon deuoir, & ma recognoissance
Dessus mes passions ont eu cette puissance.
Ie vous ayme, Madame, & mon fidelle amour
Depuis qu'on l'a veu naistre a creu de iour en iour,
Mais que ne dois-je point au Prince Florilame?
C'est luy dont le respect triomphe de ma flâme,
Apres que sa faueur m'a fait ce que ie suis.

ROSINE.

Tu t'en veux souuenir pour me combler d'ennuis.
Quoy! son respect peut plus que l'adeur qui te brusle?
L'incomparable amy ; mais l'amant ridicule,
D'adorer vne femme & s'en voir si chery
Et craindre au rendez-vous d'offencer vn mary!
Traistre, il n'en est plus tẽps quãd tu me fis paroistre
Cét excessiue amour qui commençoit à naistre

Et que le doux appas d'vn discours suborneur
Auec vn faux merite attaqua mon honneur,
C'est lors qu'il te falloit à ta flâme infidelle
Opposer le respect d'vne amitié si belle,
Et tu ne deuois pas attendre à l'écouter
Quand mon esprit charmé ne le pourroit gouster.
Tes raisons vers tous deux sont de foibles deffences,
Tu l'offenças alors, aujourd'huy tu m'offences,
Tu m'aimois plus que luy, tu l'aimes plus que moy,
Croy tu donc à mon cœur donner ainsi la loy,
Que ma flâme à ton gré s'esteigne ou s'entretienne,
Et que ma passion suiue tousiours la tienne?
Non, non, vsant si mal de ce qui t'est permis,
Loin d'en éuiter vn tu fais deux ennemis.
Ie sçay trop les moyens d'vne vengeance aisée,
Phedre contre Hipolite aueugla bien Thesée,
Et ma feinte armera plus de seuerité
Auec moins d'iniustice & plus de verité.

CLINDOR.

Ie sçay bien que i'ay tort, & qu'apres mon audace
Ie vous fais vn discours de fort mauuaise grace,
Qu'il sied mal à ma bouche, & que ce grãd respect
Agit vn peu bien tard pour n'estre point suspect.
Mais pour souffrir plustost la raison dans mon ame
Vous auiez trop d'appas & mõ cœur trop de flâme,
Elle n'a triomphé qu'apres vn long combat.

ROSINE,

Tu crois donc triõpher lors que ton cœur s'abbat?

Si tu nommes victoire vn manque de courage
Appelle encor seruice vn si cruel outrage,
Et puisque me trahir c'est suiure la raison,
Dy moy que tu me sers par cette trahison.

LCINDOR.

Madame est-ce vous rendre vn si mauuais seruice
De sauuer vostre honneur d'vn mortel precipice?
Cét hõneur qu'vne Dame à plus cher que les yeux.

ROSINE.

Cesse de m'estourdir de ces noms odieux
N'as-tu iamais appris que ces vaines chimeres
Qui naissent aux cerueaux des maris & des meres
Ces vieux contes d'hõneur n'ont point d'impressions
Qui puissent arrester les fortes passions?
Perfide est-ce de moy que tu le dois apprendre?
Dieux! iusques où l'amour ne me fait point décendre
Ie luy tiens des discours qu'il me deuroit tenir,
Et toute mon ardeur ne peut rien obtenir.

CLINDOR.

Par l'effort que ie fais à mon amour extréme
Madame, il faut apprendre à vous vaincre vous mesme,
A faire violence à vos plus chers desirs
Et preferer l'honneur à d'iniustes plaisirs,
Dõt au moindre soupçon? au moindre vent cõtraire
La honte & les malheurs sont la suitte ordinaire.

ROSINE,

De tous ces accidents rien ne peut m'alarmer

Ie consens de perir à force de t'aymer,
Bien que nostre cõmerce aux yeux de tous se cache.
Qu'il vienne en éuidence & qu'vn mary le sçache,
Que ie demeure en butte à ses ressentiments,
Que sa fureur me liure à de nouueaux tourments,
I'en souffriray plustost l'infamie eternelle
Que de me repentir d'vne flâme si belle.

SCENE V.

CLINDOR, ROSINE, ISABELLE, LISE, ERASTE, Troupe de Domestiques.

ERASTE.

Onnons, ils sont ensemble.

ISABELLE.

O Dieux! qu'ay-ie entendu?

LISE.

Madame sauuons nous.

ISABELLE.

Helas! il est perdu.

CLINDOR.

Madame, ie suis mort, & vostre amour fatale.
Par vn indigne coup aux enfers me deuale.

ROSINE.

Ie meurs, mais ie me trouue heureuse en mon trespas
Que du moins en mourant ie vay suiure tes pas

ERASTE.

Florilame est absent, mais durant son absence
C'est la somme les siens punissent qui l'offence,
C'est luy qui par nos mains vous enuoye à tous deux
Le iuste chastiment de vos lubriques feux.

ISABELLE.

Responds moy, cher espoux au moins vne parole,
C'en est fait, il expire, & son ame s'enuole.
Bourreaux vous ne l'auez massacré qu'à demy,
Il vit encor en moy, soulés son ennemy,
Acheuez assaßins de m'arracher la vie
Sa haine sans ma mort n'est pas bien assouuie.

ERASTE.

Madame c'est dont vous!

ISABELLE.

Ouy qui cours au trespas.

ERASTE.

Vostre heureuse rencontre espargne bien nos pas
Apres auoir deffait le Prince Florilame
D'vn amy dsloyal & d'vne ingrate femme.
Nous auons ordre expres de vous aller chercher.

ISABEELE.

Que voulez de moy traistre?

ERASTE. *Il faut marcher.*

Le Prince des lõg temps amoureux de vos charmes
Dans vn de ses chasteaux veut essuyer vos larmes.

ISABELLE.

Sacrifiés plustost ma vie à son courroux.

ERASTE.

C'est perdre temps, Madame, il veut parler à vous.

SCENE VI.

ALCANDRE, PRIDAMANT.

ALCANDRE.

Ainsi de nostre espoir la fortune se iouë,
Tout s'esleue, ou s'abaisse au branle de sa rouë,
Et son ordre inegal qui regit l'vniuers
Au milieu du bon-heur a ses plus grands reuers.

PRIDAMANT.

Cette reflexion mal propre pour vn pere
Consoleroit peut-estre vne douleur legere,
Mais apres auoir veu mon fils assaßiné
Mes plaisirs foudroyez, mon espoir ruiné,
I'aurois d'vn si grand coup l'ame bien peu blessée
Si de pareils discours m'entroient dans la pensée,
Helas dans sa misere il ne pouuoit perir,
Et son bon-heur fatal luy seul l'a faict mourir.
N'attendez pas de moy des plaintes dauantage,
La douleur qui se plaint cherche qu'on la soulage
La mienne court apres son déplorable sort,
Adieu, ie vay mourir puisque mon fils est mort.

ALCANDRE.

D'vn iuste desespoir l'effort est legitime,
Et de le destourner ie croirois faire vn crime,

Ouy, suiués ce cher fils sans attendre à demain,
Mais espargnez du moins ce coup à vostre main,
Laissez faire aux douleurs qui rõgẽt vos entrailles,
Et pour les r[illegible]ubler voyez ses funerailles.

On tire vn rideau & on voit tous les Comediens qui partagent leur argent.

PRIDAMANT.

Que voü-je ! chez les morts conte-t'on de l'argent?

ALCANDRE

Voyez si pas vn deux s'y monstre negligent.

PRIDAMANT.

Ie voy Clindor, Rosine! Ah Dieu, quelle surprise!
Ie voy leur assaßin, ie voy sa femme & Lise.
Quel charme en vn moment estouffe leurs discords,
Pour assembler ainsi les viuants & les morts?

ALCANDRE.

Ainsi tous les Acteurs d'vne troupe Comique
Leur Poëme recité partagent leur pratique,
L'vn tué l'autre meurt, l'autre nous fait pitié,
Mais la Scene preside à leur inimitié,
Leurs vers font leurs combats, leur mort suit leurs (paroles,
Et sans prendre interest en pas vn de leurs roolles,
Le traistre & le trahy le mort & le viuant
Se trouuent à la fin amis comme deuant.
Vostre fils & son train ont bien sçeu par leur fuite,
D'vn pere & d'vn Preuost euiter la poursuite,
Mais tombant dans les mains de la neceßité
Ils ont pris le Theastre en cette extrmité.

PRIDA-

PRIDAMANT.

Mon fils Comedien!

ALCANDRE.

D'vn art si difficile
Tous les quatre au besoin en ont fait leur azile,
Et depuis sa prison ce que vous auez veu,
Son adultere amour, son trespas impourueu,
N'est que la triste fin d'vne piece tragique
Qu'il expose auiourd'huy sur la Scene publique
Par où ses compagnons & luy dans leur mestier
Rauissent dans Paris vn peuple tout entier.
Le gain leur en demeure & ce grand equipage
Dont ie vous ay faic voir le superbe estalage
Est bien à vostre fils mais non pour s'en parer
Qu'alors que sur la Scene il se fait admirer.

PRIDAMANT.

I'ay pris sa mort pour vraye & ce n'estoit que feinte
Mais ie trouue par tout mesme subjets de plainte,
Est-ce la cette gloire & ce haut rang d'honneur
Où le deuoit monter l'excés de son bon-heur?

ALCANDRE.

Cessez de vous en plaindre à present, le Theatre
Est en vn point si haut qu'vn chacun l'idolatre
Et ce que vostre temps voyoit auec mespris,
Est auiourd'huy l'amour de tous les bons esprits,
L'entretien de Paris, le sauhait des Prouinces,
Le diuertissement le plus doux de nos Princes,

Les delices du peuple, & le plaisir des grands?
Parmy leur passe-temps il tient les premiers rengs
Et ceux dont nous voions la sagesse profonde
Par ses illustres soings conseruer tout le monde.
Trouuent dans les douceurs d'vne spectacle si beau
Dequoy se delasser d'vn si pasent fardeau,
Mesme nostre grand Roy ce foudre de la guerre
Dont le nom se fait craindre aux deux bouts de la terre,
Le front ceint de l'auriers daigne bien quelquefois
Prester l'œil & loreille au Theatre François:
C'est là que le Parnasse estalle ses merueilles:
Les plus rares esprits luy consacrent leur veilles,
Et tous ceux qu'Appollō voit d'vn meilleur regard
De leurs doctes trauaux luy donnent quelque part.
S'il font par la richesse estimer les personnes,
Le Theatre est vn fief dont les rentes sont bonnes,
Et vostre fils rencontre en vn mestre si doux
Plus de biens & d'honneur qu'il n'eust trouué chez vous.
Deffaites vous en fin de cette erreur commune
Et ne vous plaignez plus de sa bonne fortune.

PRIDAMANT.

Ie n'ose plus m'en plaindre, on voit trop de cōbien
Le mestier quil à pris est meilleur que le mien.
Il est vray que d'abord mon ame s'est esmeuë,
I'ay creu la Comedie au point où ie l'ay veuë,

I'en ignorois l'esclat, l'vtilité, l'appas,
Et la blasmois ainsi ne la cognoissant pas;
Mais depuis vos discours mon cœur plain d'allegresse
A banny cette erreur auecque la tristesse;
Clindor a trop bien fait.

ALCANDRE.

N'en croyez que vos yeux

PRIDAMANT.

Demain pour ce suiet i'abandonne ces lieux
Ie vole vers Paris, cependant, grand Alcandre;
Quelles graces icy ne vous dois-je point rendre?

ALCANDRE.

Seruir les gens d'honneur est mon plus grand desir,
I'ay pris ma recompense en vous faisant plaisir.
A dieu, ie suis content puisque ie vous voy l'estre.

PRIDAMANT.

Vn si rare bienfait ne se peut recognoistre;
Mais, grãd Mage, du moins croyez qu'à l'aduenir
Mon ame en gardera l'eternel souuenir.

FIN.

www.ingramcontent.com/pod-product-compliance
Lightning Source LLC
LaVergne TN
LVHW012025220826
846092LV00001B/488

9782329737447